抗日英雄小故事 系列

左 权

周东升　汪铮／主编
盛佳　李婧／编著

团结出版社
UNITY PRESS

图书在版编目（CIP）数据

左权／盛佳，李婧编著.--北京：团结出版社，
2014.12（2021.9重印）
　（抗日英雄小故事系列／周东升，汪铮主编）
　ISBN 978-7-5126-3002-4

　Ⅰ.①左… Ⅱ.①盛… ②李… Ⅲ.①左权（1905 ~
1942）-传记-青少年读物 Ⅳ.①K825.2-49

　中国版本图书馆CIP数据核字（2014）第165702号

出　　版：团结出版社
　　　　　（北京市东城区东皇城根南街84号　邮编：100006）
电　　话：（010）65228880　65244790（出版社）
　　　　　（010）65238766　85113874　65133603（发行部）
　　　　　（010）65133603（邮购）
网　　址：http://www.tjpress.com
E-mail：zb65244790@163.com（出版社）
　　　　　fx65133603@163.com（发行部邮购）
经　　销：全国新华书店
印　　刷：天津兴湘印务有限公司

开　　本：670毫米×960毫米　16开
印　　张：7.5
字　　数：70千字
版　　次：2014年12月　第1版
印　　次：2021年9月　第4次印刷

书　　号：978-7-5126-3002-4
定　　价：29.80元

目　录

抗日英雄
左权

抗日英雄
小故事

抗日英雄
左权

004

抗日英雄
小故事

第一章　农家子弟的耕读生活

第一节　幼年家贫失父

湖南省醴陵县三面环山，渌水从这里流过，山清水秀，风景独绝。其中有一座山岭形如猫状，每到秋天，层林便被染成金色，这山就越发像一只俯卧的黄猫，于是人们把它叫作黄猫岭，又叫黄茅岭。

这里的人们大多靠耕种山田为生，艰难度日，苛捐杂税使得他们平日里吃不上米饭，不得不以红薯充饥，一年也难得买几次鱼肉，是典型的"上无片瓦、下无寸土"的赤贫农。

光绪三十一年（1905 年）农历二月初十，在这只"黄猫"肚皮下的一户姓左的人家，一个小生命降临了，他的名字叫左权。

左权家三世同堂，佃着当地有名的财主匡印澄的 13 亩田地，日子虽苦却也其乐融融。父亲左兆新在务农之余，还会到青泥湾的窑厂去烧土碗。烧一炉窑的时间很长，要经过搁坯、舂泥、洗泥、晒泥、上釉等程序，整个过程需要 60 小时左右。左兆新白天穿着素净的补丁布衣出去，回来时身上布满了泥、水、汗，活像一个泥人，只剩下一双圆溜溜的眼睛在眼眶里打转。

生活的艰辛并未削减左权降生给父亲带来的喜悦，为了能让孩子吃好，他比平时起得更早，干活也更加卖力了，不分日夜连轴转，烧完窑后再将成品瓷碗用独轮车运到姜湾，卖出的价钱却不见好。

在左权两岁的时候，左兆新突然病倒了，左权的母亲张氏请来巫师做法，杀猪宰羊祈求上苍的保佑，可一切都无济于事，左兆新这一病就病到黄土里去了。当时他才31岁，正值壮年，谁都不曾料想厄运会突然降临，年幼的左权还没来得及把父亲的容貌记全，就再也没机会见他了。

父亲去世不久，左权的爷爷也怀着白发人送黑发人的悲痛去世了。左权是家里面最小的孩子，他有三个哥哥和一个姐姐，大哥9岁，父亲和爷爷的相继去世，意味着家庭的重担全都落在了母亲张氏一人身上。她是一位坚强的中国农村妇女，不识字，不善言辞，却有一双勤劳的手。

张氏起早贪黑，独自承担了全家的生活重担。天还没亮她就早早起床，太阳落山时还在田里劳作。当黄茅岭所有的人都已进入梦乡时，她仍坐在油灯前，纺织、绩麻、刺绣、缝衣。

就是这样累死累活地干，一年到头，缴完繁重的租税，只剩下糠皮和谷草，勉强维持着一家人的生活。有时不得已，母亲便抱着左权外出乞讨。

生活的艰辛压得张氏不能有丝毫停歇，30多岁的人已经显出老态。

第二节　母亲的言传身教

虽然家境困难，但张氏仍然乐于帮助和周济穷人，她的善良在黄茅岭有口皆碑。

村里有个年轻人很懒，一次，家里断了炊，也不出去挖野菜，他爷爷气得拿棍子将他赶出了家门。

这个年轻人走投无路，被左权的母亲喊到家中，耐心相劝："好吃懒做没有出息，肯吃苦、爱劳动谁都喜欢。年轻人力气是使不完的，要立志做人。"母亲还把家里仅有的两斗稻谷送给了他。年轻人深受感动，一再表示要多干活，好好做人。

贫穷也并没有让张氏目光短浅，她对孩子们品性的教育向来很重视。丈夫去世后，张氏更加沉默寡言，想借助神灵的力量来振兴左家。在家里中堂，她供着的既不是"天地君亲师"，也不是土地财神爷，而是"驱魔大神"——钟馗。她希望借此驱逐大鬼、小鬼，保佑一家人的平安。

恰逢当时村里人尚武好义，青壮年都会一点拳脚功夫，左权也受了影响，拜了个师傅。从师傅那里，左权得知钟馗是个落第的武举人，会十八般武艺，死后以鬼为食，受到人们的敬重。因此，童年时代的左权非常崇拜钟馗，好动拳脚。

有一次，左权在放牛，邻村的孩子潘宝玺也领着牛过来吃草，惹得左权心里很是不愉快。

"这块地是我先看上的，先来后到的道理你懂不懂？"左权两个胳膊往胸前一叠，头偏向一边，眼睛瞪得大大的，等着对方被他的气势吓跑。

"这里的草儿长得好，凭什么就你家的牛可以吃？"潘宝玺望着眼前这瘦弱黝黑的"小不点"，一点也没有退缩的意思，浑圆的脸上流露出一幅满不在乎的神情。

这让一向要强的左权感觉受到了挑战，他一脚跨上牛背，拿起手中的竹条拍打在牛屁股上，像一位上场杀敌的勇士般，冲到了潘宝玺的跟前，猝不及防地给了他一鞭子。

等潘宝玺反应过来发生了什么事情时，逃已经来不及了，"哇……"他被打得慌了神，哇哇直哭，逃回家里去了。

当晚，母亲便叫左权跪在面前，告诫说："打人是不对的，欺侮打不过你的人更是不对的，好好记住。"

左权当即向母亲悔过，并且系一根小绳子在手上，表示以后再不欺侮弱小了。

在生活的道路上，母亲的坚毅、勤奋、善良的品格，对左权幼小的心灵产生着潜移默化的影响。

第三节　穷人的孩子早当家

在这样的环境下成长的左权，懂事得特别早。6岁左右就自愿扛下了许多农活，常到附近的山坡拾柴、放牛。有一次，左权跟着母亲到外婆家去做客，还和表兄一块去拾柴。

外祖父叫他到跟前，抚摸着他的头说："孩子，到我家来做客，不叫你做事。"

左权却歪着头答道："外公，我做惯了，不做不舒服。"

稍大一些，他还学会了捕鱼，在打猪草或放牛的时候，常到沟塘溪水里捉鱼，拿到集市上去卖，赚回的钱也不乱花，全听母亲的安排。

左权10岁的时候，看见一些泥田长着茂密的水草，寻思着是猪的好饲料，便找了根竹竿探路，挑泥皮厚的地方下脚，一天要扯回几大筐青饲料。乡亲们告诉张氏，说这孩子拿命在捡猪草。

原来这片泥田的田脚很深，听说有一年，村里一个汉子牵了一头牛下田耕地，人还没下去，牛就往下沉，好像泥里有什么鬼怪神灵，拖着牛不放。那头牛害怕得不得了，拼命挣扎，越陷越深，不一会儿，牛肚皮上都糊满泥。于是人们用树在田埂上搭起一座"桥"，人站在"桥"上用绳索将牛套住，牛才得以解救。后来，人们都不敢再用牛来犁田。

母亲焦心地跟左权说："哪里没有猪草寻？你偏要把娘的心挂在你身上？教人担心受怕，万一你出了个闪失，我还怎么活啊？"

左权听了母亲的话，既自责又委屈，看到屋檐下的木梯子，便灵机一动，对母亲说："我坐船去好吗？"

母亲疑惑不解地问："哪儿来的船？"

左权跑到木梯子旁，边比画边说："把它横在田里，让它浮在泥面上，我踩在上面，就像踩在船板上。"

母亲没有办法，叹息着说："都是娘的错，把你这条吃奶的牛崽崽当马骑了。"

左权把母亲的艰辛看在眼里，做这些事情也总是无怨无悔。张氏因为孩子的这份孝心，也在艰难的生活中找到了慰藉和依靠。

第四节　立志苦读

在那个肚子都难填饱的年代，读书是件奢侈的事情，可是小小的左权每每听到学堂里朗朗的读书声，就十分向往，似乎那是比寻猪草、拾柴好上千百倍的好事。7岁的左权心里打着鼓，向母亲提出想要读书的要求："妈，我想读书。"

"读书是要钱的。"母亲心里也不好受，谁不想自家的孩子出人头地？"可是，我们家的财神菩萨还没睁开钱眼。"

左权是个懂事的孩子，他知道不能为难母亲，便想办法自己去挣学费，其中一个办法就是正月里耍狮子讨米。左权和小伙伴们商量起这个事，大家觉得耍狮子又好玩又热闹，都积极响应。这家出一条金黄色的背面缝成狮子被，那家扎五颜六色的狮子脑壳，还有人负责练唱狮子歌、学跳狮子舞，好不欢快。经过这番精心准备，耍狮子受到了邻里的欢迎，他们看着些孩子又可怜又可爱，每家每户都量出一些米来，狮子从正月初一耍到正月十五，学费也有了着落。

就这样，左权得以实现自己想上学的梦想，来到了磐中私塾。对于这来之不易的一切，他格外珍惜。除了把先生课堂上教过的书背得滚瓜烂熟外，他还会跑到黄茅岭附近的读书人家去借书，但是借来的书往往深涩难懂，他只好去找叔父左铭三。

左铭三是醴陵县有名的学者，他提倡新学，认为经史子集只是"空壳子"，他教育左权为学必须先立志天下事。后来在叔父的指导下，左权考取了陈家冲的私立成诚小学。

成诚小学在形式上仿照的是日本的学制，采用的教材也是教育部审定的，有国文、算术、常识、修身等主科，还有书法、美术、音乐、体育、手工等副科。左权在这里找到了一片新天地，觉得学习不再是一件背背写写的苦差事，学起来更加带劲了。

左权白天在学校认真苦读，晚上回家还要"开小灶"。母亲在煤油灯下织布，他就在一旁温习功课，所以邻居们常说："左家屋里的灯熄了，夜也就深了。"

有一天，左权看书看得太入迷，连母亲手里的活计都做完了，他还捧着手里的书看得津津有味。母亲看到孩子这么刻苦，有种说不出来的心疼，既为左权的懂事感到欣慰，又不忍心他看得太久，伤了身子，便催促说："满崽，早点睡，明天再看吧。"

"古时候匡衡家没有蜡烛，他就借着邻居家的光发狠读书，现在我有油灯，怎么能不用功呢？"左权晃着手里的书本，一脸认真地答道。

就是在这一个个铺满枯黄色灯火的夜晚，左权学到了许多许多知识，成绩也一直保持优秀。

第五节　革命意识的萌芽

左权在成诚小学时，非常崇拜一位老师，这位老师名叫匡宜民。他是长沙"华兴会"①的一员，想造就一批经邦治国的人才，反对闭门读书，鼓励学生们参与到社会实践中去。出于这样的目的，他在课外会跟孩子一起玩游戏、踢足球、练兵操，开发孩子们的综合素质，同时，他也非常注重培养学生的爱国情怀，经常会讲一些革命故事。

1915 年 6 月，匡宜民一改往日的笑颜，颓丧着脸走进教室，脚步像灌了铅般沉重而缓慢，左权意识到有什么不好的事情发生了。匡宜民走向讲台，抬头望着同学们，一句话也不说。左权和同学们更加疑惑了，都不敢出声，只睁着一双双惶恐的眼睛。

匡宜民回过身，用粉笔在黑板上一字一顿地写下"勿忘五九国耻"，眼泪也情不自禁地流了下来。接下来的这节课，同学们知道了事情的始末，左权感到自己多了些使命，从此特别关心政治。他甚至把老师在黑板上写的几个大字刻在自己的书夹板上，和同学一起到黄猫岭的山村里去演讲。

抗日英雄
左权

---

① 华兴会是中国近代反清革命团体，于 1904 年 2 月 15 日在湖南长沙正式成立。会长为黄兴，副会长为宋教仁、刘揆一、陈天华等人。

1921 年，在叔父左铭三和族人左仲文、左燕如的帮助下，左权考入县立渌江中学。

渌江中学的前身是渌江书院，是醴陵的最高学府，校风严谨，教员出众，大多是喝过洋墨水的留美或留日生。左权刚入校时，字写得不好，一位叫阳兆鹏老师当众批评他说："凡学业，没有学而不得的，字写不好的原因，在于怠惰，不求专精。"左权深受震动，于是每天坚持到学校附近的洗心泉练字。他以泉水作墨、以岩石为纸，长此以往，书法有了很大的进步。考试时，很多同学抄袭，他却说："大丈夫知之为知之，不知为不知，何必在考试时偷看书呢？这样就是成绩得了一百分，也不算光荣。"

在学校，左权很喜欢读侠义小说，钦佩那些劫富济贫的"绿林英雄"，常为贫穷弱小的同学打抱不平，还积极组织同学参加抵制日货的斗争，带头砸烂洋铁桶，用木盆到山下渌江里取水食用和洗漱。

不久，渌江中学成立了一个进步组织"社会科学研究会"，并买了一部分进步书报。左权在参加该社活动中，读到了《新青年》《向导》《湘江评论》以及无政府主义的《民声》等刊物，思想受到很大启发。有时他约同学们到离校不远的姨夫家讨论各种社会问题，大家相互激励，要为变革中国社会而献身。

011

抗日英雄
左权

第二章 从拿笔的手到拿枪的手

第一节 报考讲武学校

1923 年冬，渌江中学流传着一个秘密的消息，广东孙中山大元帅府的军政部部长程潜将军，在广州筹办陆军讲武学校，派人到湖南醴陵招收大本营陆军讲武学校的学生。

讲武学校以培养连、排职军官指挥能力为目标，主要教学内容是军事课程，左权得到这个振奋人心的消息后，感到自己的脚下有了一条新路，立即同三哥商议："我们既然没钱念书，为什么不到广东，参加孙中山先生主持的革命大业，来创造自己的未来呢？"

巧的是，程潜派到湖南招收学生的报考官中，有一位是李明灏，他不仅是醴陵人，还是左权的表兄。李明灏毕业于日本陆军士官学校，具有高度的爱国热情。经笔试和口试，左权等被顺利录取。

1923 年 12 月，左权踏上了自己梦寐以求的征程，当他告别父老乡亲时，对叔父左铭三说："在家时，您对我的教诲最多帮助最大，这些好处，只有在外面努力干，将来以事业的成功来报答您。"叔父看到左权目光中交织着不舍与决心，感到十分欣慰。

1924年2月中旬，左权一行从长沙出发，经过岳阳、汉口、上海、厦门、香港，这一路上，左权感慨万千。老实说，这些地名他只在地图上看到过，当这一切以一种鲜活的姿态跟他如此亲近，让他心中有股说不出的激动。

抗日英雄
左权

　　3月中旬的一个晚上，当左权乘坐的轮船驶进广州珠江口，他见到珠江两岸灯火辉煌，矗立的高楼墙壁上写有"共产主义是三民主义的好朋友！""打倒帝国主义列强！""打倒封建主义！"等新鲜字样的大幅标语，之前的激动化作一股斗志，心里暗暗发誓要有所作为。

　　到达广州后，左权立即投入到军校的学习当中，他把学名"左纪权"的"纪"字去掉，决心做一个全新的革命军人。3月，陆军讲武学校举行开学典礼，左权穿着草绿色的军服，戴着军帽，精神抖擞。程潜在典礼上的讲话，左权听得极其认真。这一年，他刚满 19 岁，也许此时就已注定，在他的生命里，会烙上一段血与火的历史。

在讲武学校，左权被分在第一队第一区队。区队长林柏森，是广东人，毕业于保定军官学校，对学兵管教十分严格。但是这丝毫没有吓倒左权，每当学员们全副武装跑步去黄花岗或瘦狗岭演习时，左权常被指令做示范演习，担任排、连长。由于表现出色，他得到区队长林伯森、第一队队长廖士翘的器重，学习也更加勤奋。在学习和操练中，他熟练掌握了步兵操典、射击教范、野外勤务以及战术、兵器、筑城、地形、军制、交通、实地测图等军事科目。

在讲武学校中，左权常和张克侠等人一同探讨人生理想和国家前途。左权曾对张克侠说："我敬仰孙中山先生，可能因为我是农家子弟，对土豪劣绅压迫农民颇有感触。所以，我把中山先生的民族、民权、民生的旧三民主义和联俄、联共、扶助农工的新三民主义相对照，觉得新三民主义更适合中国的国情，非武装不能拯救中国。"

左权的救国梦想不止于理论，他还亲身参与了平定商团叛乱的斗争。1924 年 10 月 10 日，广州汇丰银行买办陈廉伯和佛山大地主陈恭受在英帝国主义支持下，策动了商团及其反革命武装商团军发动叛乱，叛军配合广东军阀陈炯明向广州革命政府发动进攻，广州形势十分危急。

在这千钧一发的时刻，中国共产党建议孙中山采取坚决进攻的方针。广东的工农大众也坚决要求镇压商团叛乱，于是，孙中山以大元帅名义，命令滇军杨希闵所部的廖品卓师剿灭广州西关的商团武装。10 月 13 日，孙中山率领一部分北伐军，从韶关回师广州，并动员黄埔军校学生军，平定商团叛乱。左权所在的陆军讲武学校第一、第二队学员参加了这次平叛斗争，担任观音山地区的警戒任务，以防商团突然窜扰。

这是左权第一次参加实战。他肩扛钢枪，全副武装，严阵以待，在广州观音山地区担任警戒任务。在工农革命群众的支援下，孙中山领导的北伐军与学生军平定了这次商团的叛乱。左权和同队的学员们一起，在这次斗争中得到了实战锻炼。左权也因勇敢机智、执行任务坚决和严守纪律，受到了指挥官的表扬。

广州陆军讲武学校的学习生活锻炼了左权，但该校陈腐、专制的教规和教学方法也使左权等人感到极大的不满。自己该怎么办？左权陷入深深的思索中。

第二节　从讲武学校到黄埔军校

就在左权为自己出路苦苦追寻的时候，广州讲武学校发生了一件大事。

1924年9月，自程潜随孙中山率军北伐后，大本营陆军讲武学校陷入困境，加上对落后的棍棒式教育不满意，学员们纷纷要求与孙中山缔造的黄埔军校合并。

其实，这两所学校同在广州的两边，一北一南，早在1924年6月，黄埔军校开办的时候，陆军讲武学校一些天性活泼的孩子听说那边招生，就索性退学去考了黄埔军校，陈赓、宋希濂、邓文仪等人就是。左权虽然没有去，但是这些湖南老乡得空就回来炫耀一番，因此，左权对新创建的黄埔军校并不陌生。

11月，广州讲武学校第一、第二队学员除一部分投奔亲友和找到工作离开军校外，共有158名学员经过程潜批准，于当月19日带上枪支弹药，登上两艘火轮向黄埔岛驶去！这其中就有左权。

登上黄埔岛，步入军校，左权立刻感到一股清新的气息扑面而来。军校大门相当朴实，没有华丽的装饰，没有石雕玉琢，既不高大也不壮观，洁白的粉墙上连着尖顶的校门，简简单单地挂上一块题写着校名的横匾："陆军军官学校"。这几个大字，是清末才子谭延闿先生所书。校牌下面有一块横匾上写着"革命者"三个有力的大字。军校二门右侧墙壁上，挂着校训——"亲爱精诚"。二门门口的一副对联是："杀尽敌人方罢手，完成革命始回头。"军校内，挂着各种激进的横幅标语："实现三民主义！""劳兵农联合起来！""废除不平等条约，完成民国革命！"等。先入校的黄埔军校一期学员和教职员工排着整齐的队伍，夹道欢迎来自陆军讲武学校的同学并入黄埔军校。

欢迎仪式上，校长蒋介石、校党代表廖仲恺、政治部主任周恩来以及苏联军事顾问加伦将军都出席并分别讲了话。廖仲恺讲话比较长，他亲切、谦和，讲话入情入理，左权深受感染。

左权这批学生来黄埔军校之前，就进行过严格的军事训练，学科、术科基础较好，同时，革命形势急需下级军官，所以，校长蒋介石决定将这些学生列为黄埔第一期，被编为第六队。

从讲武学校到黄埔军校，左权隐隐地感觉到，他期待的变化如约而至，"革命"也不是一句空空的口号，他似乎离它越来越近。

第三节　黄埔新星在广东

黄埔军校在最初创建的时候，器械极其缺乏，条件也十分简陋，还是实行的单纯步科教育，所以，左权所在的第一期军事教育内容主要是学科和术科。学科是什么呢？它教授步兵操典、射击教范、野外勤务以及四大教程：战术学、兵器学、筑城学、地形学，还有交通学、军制学、战术作业、实地测图等军事理论。术科就是教授制式教练、持枪教练、战斗教练、野外演习、夜间演习、实弹射击等军事技术。左权在陆军讲武学校就是优等生，进入黄埔军校学习后，军事理论知识和实际操作等各个方面都有很大提高。

左权是个笃实的学生，虽然觉得生活的这片地方小，却对这种气氛和环境很满意，他的内心世界充满了欢快的自由感。因而，他在军校中学习刻苦努力，成绩优良，步兵操典、射击教范、战术学、兵器学，门门优秀，常常得到教官和队干部的表扬。学校进行野外演习和夜间演习时，他都临场不乱，表现得很出色。

黄埔军校另一个显著特点是把政治教育提高到和军事训练同等重要的地位，注重培养学生的爱国思想和革命精神。就在左权进入黄埔军校的 11 月，年轻的周恩来到校担任政治部主任，他是中共中央执委会派到这里主持政治工作的。前任政治部主任叫邵元冲，是典型的官僚主义，一点都不亲近学生，每次他作政治演讲时，学生听得直打瞌睡。

周恩来的到来为政治部带来了活力与生机，他推行列宁创造红军的经验，创立了一套比较完整的政治工作制度，制订了专门的课程计划、组织政治讨论会，发行书籍、期刊、画报，甚至成立了剧社，丰富了学生们的政治生活。

这一时期，军校训令中明确规定：社会主义、共产主义、马克思主义等书籍，本校学生皆可阅读。马克思的肖像整版印在《中国军人》等校刊上。除了政治课所学习的《三民主义浅说》《帝国主义》《国民革命概论》这些教材之外，学员们还能读到诸如《苏联研究》《社会进化史》《社会主义原理》《经济学大纲》《中国职工运动》《中国农民运动》等书籍。学生与教官之间形成了良好的互动机制，大家一起研读政治教材、讨论社会现状，自由表达政治观点，学生参与感极强。

在这种氛围的熏陶下，左权尤其注重政治学习，思想进步，作风正派，革命立场坚定，受到了中共黄埔军校特别支部的注意，并开始着重对他进行培养。在中共黄埔军校特别支部的着意培养下，左权的政治素质有了很大提高。

第四节　光荣入党

1925年的一天，正值休息日，左权像往常一样在教室温书，这时，同学陈赓走到他面前，说："左权，你可是地地道道的书呆子！呵呵呵……"

陈赓边说边夺过左权手里的教材。"出去走走，怎么样？"左权拿过手边的另一本书，似乎没有听到好友的热情相邀，只一心沉迷于书海。

陈赓见状，语调变得严肃起来："左权同志，我有些重要的事情，你今天一定要陪我走走。"

左权耐不过陈赓的一再劝说，依依不舍地放下书，陈赓拉着左权大步流星地走了出去。

两人来到山坡上，天空像被浣过般碧蓝，走了一段路，陈赓直截了当地问道："你相信共产党吗？"

左权心里一紧，其实，通过一段时间的学习，他心里对于共产主义很感兴趣，只是从没人这样问过他，他感到有些突然，但还是真诚地回答："相信。"

陈赓见左权回答得这般诚恳，又问："你了解共产党吗？"

左权这次几乎没有犹疑，脱口而出："能为工农利益奋斗，是进步的党。"

陈赓满意地说："有一个人想见你。"

左权急忙问道："谁？"

陈赓回答："政治部的周主任。"

左权惊讶地说："周恩来主任！"

陈赓说："正是他，时间是今晚 8 点，与你同去的还有苏文钦同学。"

吃过晚饭后，着装整齐的左权与陈赓、苏文钦一起来到周恩来的住所。周恩来身穿军服，见到他们进来，连忙停住手中的毛笔，从椅子上站起来，与他们一一握手，并招呼他们围着桌子坐下。

在课堂上，左权最喜欢周主任那双炯炯有神的眼睛，觉得它们会说话，但如此近距离的接触，心里却不由有几分拘谨，眼睛一直盯着地上，手心还微微冒汗。

周恩来也察觉到了什么，笑着说："你们两个都是湖南人。湖南多水，所谓三湘七泽，屈原大夫就到过这些地方，也叫潇湘镇。"亲切的话语，平易近人的态度，一下子把左权和苏文钦的紧张情绪冲跑了。他们感到坐在面前的不是高高在上的军校领导，而是一位随和可亲的好友。

左权激动地回答："我家里穷。除了醴陵县城，来广州前，其他地方没有去过。"

苏文钦回答："我也一样。"

周恩来对他们说："你们两个是醴陵小同乡，程潜也是你们的同乡。"

苏文钦回答："我和左权在醴陵中学时是同班同学，又是一同考入陆军讲武学校的。"

周恩来点了点头，然后问左权："家里几口人？"

左权回答："父亲在我出生后的第二年去世了，家里有母亲、哥哥、嫂子，都是种田的。一个姐姐出嫁了，姐夫李人幹也在咱们军校，现在在教导团当军官。"

周恩来又问左权和苏文钦："你们在讲武学校时为什么组织联社？"

左权想了想认真回答道："我们憎恨压迫人的社会，立志要奋斗，要报国，要像共产党员一样……"

周恩来亲切地问道："你们愿意像个共产党员？"左权、苏文钦这时都很激动地站了起来，说："愿意，一百个愿意！"

周恩来走前一步，严肃地说："共产党员可是吃苦在前，冲锋在前。"左权回答："我是农家子弟，能吃苦。"周恩来又说："共产党员要严守秘密，甚至为党的利益牺牲自己的一切。"

左权、苏文钦都郑重而又认真地点了点头。

这时，站在一边的陈赓走过来说："经过我的考察，左权、苏文钦同学符合共产党员的条件，我愿意作为他们的入党介绍人！"

1925 年 1 月，经陈赓和周逸群介绍，左权在周恩来的批准下加入了中国共产党，当时的左权才 20 岁。

左权入党一个月后，积极参与了由蒋先云、周逸群等发起成立的主要由共产党员和共青团员为核心的青年军人联合会的组织和领导工作，并成为骨干和负责人之一。他们与国民党右派组织孙文主义学会进行了针锋相对的斗争。左权在政治斗争的漩涡中锻炼成长，他不仅学到了军事知识，也开始懂得了政治斗争的策略。

黄埔军校时期是左权一生中最为重要的时期，在这里，左权不仅得到了极为严格和正规的军事教育，更重要的是，开始了他一生为之奋斗的共产主义事业。

第五节　初生牛犊不怕虎

1925 年 1 月，陈炯明趁孙中山北上商定国事的机会发动叛变，准备向广东发动进攻。

由黄埔军校学生和教导一、二团组织的黄埔校军奉命东征，左权被分配在教导一团二营六连当排长，他的团长是战术总教官何应钦，营长为战术教官刘峙。校长蒋介石率领着这 3000 多人的军队参加了战斗。

2 月 2 日上午，何应钦带着教导第一团的校军向淡水城进发。淡水城是个弹丸之地，四周被四五米高的城墙包围，易守难攻，叛军人数大约有 3000 人，而且援军离得不远，不消一天工夫就可到达，这真是一场艰难的硬仗。

2 月 14 日晚上，蒋介石命令教导一团担任主攻，何应钦来到部队挑选爬城的奋勇队，他的目光扫过左权时，左权心里有股莫名的期待与紧张，毕竟这是真正的战场，与平时的实弹射击和演习是多么的不同啊！最终何团长没有选他，左权心里反而有点失落⋯⋯

2 月 15 日清晨，曙光微露，教导第一团便向淡水城的东南角发射山炮，接下来步枪、机枪一齐开火，掩护奋勇队员用云梯爬上城墙。左权眼见着城墙上出现了突破口，立马冲了上去，许多士兵见状，也顾不得没有排长的命令，犹豫了一下，也冲了上去，可是云梯有限，士兵们涌在城根下，左权傻了眼，急得团团转。这时候，两个苏联军事顾问从高坡上跑下来，其中一个蹲下身子，另一个踩在其肩膀上，左权恍然大悟！他把排里的士兵分成 3 列，搭起人梯爬城。敌人在城墙上用机枪扫射，一个士兵倒下了，另一个士兵接着上，城根下到处是校军的尸体。第二次亲临战场的左权，被深深震撼了：这一个个的生命，是昔日并肩作战的伙伴，只有坚持到最后，才能祭奠他们的灵魂。他都不敢再往下想，只顾稳稳地踩着脚下的肩膀，好让人梯高一点再高一点。

抗日英雄
小故事

最终，黄埔校军锐不可当，势如破竹，城门被打开，守城叛军被迫退避街巷。教导第二团也冲进了城里，两团汇合，乘势追歼残余叛军，淡水城在当日上午复克。

黄埔军校的学生英勇非凡，在平定陈炯明叛军的战斗中发挥了重要的作用，左权在这初次战役中不但懂得了战场上灵活作战的必要性，还亲眼见到了当地民众深受"陈氏小王朝"之苦，他因此发誓一生绝不升官发财，不做自私自利的小人，不当暴虐无道的军阀。

在接下来的战斗中，面对危险，左权沉着冷静，由于服从命令，作战出色，他由排长提升为副连长。

1925年夏天，程潜让李明灏从原陆军讲武学校即后来的黄埔一期第六队毕业的学生中挑选4人到苏联留学，要求年纪轻，成绩好。左权正好符合这一条件，于是李明灏就选了左权与陈启科等4人去苏联。

第三章　留学苏联

第一节　向莫斯科进发

1925 年 11 月，左权告别了广州，和同伴们一起登上了北上的轮船。一声声汽笛鸣响之后，轮船缓缓离开码头，向着波光粼粼的大海驶去。经过半个多月的海上生活，他们到达海参崴。

抗日英雄
小故事

11 月下旬，大家又坐上了去莫斯科的火车。因为当时煤供应奇缺，火车的燃料只能是木柴，它在荒凉的西伯利亚平原

上像蜗牛般爬行着，整整过了半个多月才抵达目的地。

　　经过长途跋涉终于抵达莫斯科的学生们，很快就被这个崭新的国家吸引住了。当时的社会主义苏联是年轻的，经过反击帝国主义侵略和国内反革命武装叛乱的卫国战争后，经济遭到极大破坏，人民生活十分艰苦，但是在这个劳动人民当家作主的国家里，全国人民在苏联共产党的领导下，正以主人翁的气概，医治战争创伤，整个国民经济正在迅猛地恢复和发展，显示了社会主义强大的生命力。

　　左权深深感到，自己向往的理想社会已经呈现在眼前，中国人民要摆脱贫穷落后的面貌，也应该像苏联那样，走十月革命的道路。他觉得自己能有机会到这个环境里系统地学习革命理论，非常荣幸。面对即将开始的新生活，左权充满了喜悦和信心。

　　中山大学校址位于莫斯科市内、莫斯科河西岸一条不甚热闹的瓦尔芬柯街上。学校大楼是一座规模相当大的四层洋楼，原是沙皇时代的一家公司的办公楼。学校前面是皇家大教堂和一座大彼得铜像，附近的广场便是学校的操场。大楼共有一百多个房间，餐厅、教室、学习室、图书馆、办公室分别设在二、三、四楼。

　　办理入学手续后，左权依次领到了饭票、洗澡票、洗衣票、戏票、乘车票等。宿舍里的卫生、暖气、床铺等设备齐全；图

抗日英雄
左权

书馆条件较好，藏书也多。看到这些，左权感到一种幸福感涌上心头，他心想：难道不应该更加努力地学习，来回报祖国所给予我的这一切吗？

进中山大学的中国学生，注册时不用中国原有的姓名，另外取一个俄文名字，课堂点名或同学之间相互称呼，都用俄文名字。左权当时的俄文名叫拉戈金。注册后，即按各人的学历分班。左权被分配在第一期第七班。七班有不少共产党派去的优秀干部，邓小平、沈泽民、傅钟、屈武等也都是左权的同班同学。由于七班的学生大多有较长的党龄和较丰富的革命经验，有的还是著名的学者、教授，因此被中山大学的同学称为"理论班"。

学习的课程主要是政治经济学、唯物史观、十月革命史、联共（布）党史、世界革命史、工人运动史等，还有俄语课。

第二节　中山大学里的俄语"疯子"

左权到苏联留学之前从来没接触过俄语，他首先遇到的就是俄语关。

第一节课上，教员用俄语做自我介绍，说几句便示意身旁的译员翻译。这是一种全新的体验，让班里的同学感到很兴奋，这异域的口音让他们仿佛置身在梦中，来到了一个新世界。

可时间一久，问题就来了，上课听一段翻译一段，效率很低，一节课花在语言理解上的时间似乎超越了讲授的知识本身，还不如直接让翻译来教课。提问也是个难题，导致课堂上的交流不多，有时则是死气沉沉，大家学习得特别被动。

图书馆里的书也多是俄文的，一份一小时能搞定的作业，最初可能花上一整天也不见得能按质按量完成。

不论是学习，还是生活，语言就像一座巨塔，把中国的学生牢牢地困在了一起，缺乏与外界的联系。为了能直接听懂教员讲课，直接阅读俄文书籍，左权拼命地攻读俄语，在中山大学，左权刻苦学习俄语是出了名的。

每天早晨，他总是第一个起床，迎着晨曦练习，为了读准一个音，常常成百上千次地重复练习。在俄语中，大舌音发音比较困难，左权有好多天，从早到晚一有时间就练这个发音。白天他抓紧一切课余时间背单词或整理笔记，把俄语单词记在一个自备的小本上，会前饭后都掏出小本来又读又背，有时连走路都在背单词。晚上同学们已经熄灯就寝了，他还独自在走廊里的路灯下默读硬记，真是到了废寝忘食的程度。

语言关基本通过后，左权又从语法入手，慢慢地也就能写下一些句子了。当密密麻麻的陌生字符在左权的脑海里形成了完整的意义时，他觉得比小时候在塘里抓到一条大鱼还开心。

有了一些俄文知识后，左权便到图书馆去借俄文版书籍来看，碰到弄不懂的地方，他一定会向老师讨教明白。功夫不负有心人，经过几个月的学习，他已经能很好地适应老师们的讲课了。

第三节　听斯大林演讲

虽然远在国外，左权和同学们仍然十分关注祖国的命运和前途。当得知蒋介石在上海发动反革命政变，对外投降，对内实行反共反人民的独裁统治，中国革命处于生死危急关头时，中山大学里革命的中国留学生们忧心忡忡。

当时，托洛茨基派在苏联国内活动也很热闹。他们在报纸上刊登文章发表反对派的言论，中国革命问题是其中争论的一个重点。他们曲解中国革命的性质，把中国革命说成是反资产阶级的社会主义革命；他们反对中国共产党人加入国民党，认为国共合作是错误的；他们否认中国农民群众在中国革命中的革命性和所起的巨大作用。

拉狄克凭借其校长的地位和讲授中国问题的机会，经常灌输、宣传这些托派观点。中山大学的学生们思想十分混乱，尤其是一些国民党员学生闹得很凶。

这时，左权和同学们想到了斯大林，很想听听他对中国革命的看法。于是他们给苏联共产党中央委员会写了一封信，表示了自己的愿望和请求。苏共中央总书记斯大林答应了同学们的请求，指示学校先收集一下学生的反映及提出的问题，整理成书面材料送给他。

　　1927年5月13日，学校里贴出了一张大布告，通知当天下午将有苏共中央领导人来学校给全体中国学生作重要讲话。左权和同学们看到布告后欣喜万分。大家猜想，盼望已久的斯大林同志要来学校讲演了！

　　吃过中午饭，左权与几个同学早早地来到学校礼堂。礼堂里已经坐了许多人，大家都在议论，今天来的重要领导人是谁，都想好好听听这位领导人的重要讲话，左权到前边几排找个座位坐了下来。

　　下午2点整，斯大林面带笑容地走上讲台，会场上响起了暴风雨般的掌声。礼堂里的人越来越多，许多后来的人只好靠墙站着。斯大林以洪亮的声音开始了他的讲话。斯大林体态结实，说话稳重，两句三句即嘱翻译，译员请他多讲几句再译，他就说"怕靠不住"，惹得愁肠百结的中国学生们展颜一笑。左权和大家一样，都在静静地听，用心地记。

　　斯大林针对反对派的言论，讲了中国革命的几个问题。他斥责托洛茨基的错误观点，讲道："说马克思主义在原则上不认可几个被压迫的革命阶级联盟的政党，说加入这种政党对于马克思主义者在原则上是不容许的，这是不对的。同志们，这

是绝对不对的。事实上马克思主义不仅承认了，而且还继续承认马克思主义者加入这种政党在原则上是可容许的，而且事实上在某些历史条件下实行了这样的加入。"

斯大林还提醒大家，马克思和他的同志在年轻时曾经和德国革命的资产阶级民主主义代表合作过。同时，斯大林肯定了当时中国共产党有加入革命的国民党的必要性，那时国民党是受帝国主义压迫的几个阶级联盟的党。但是他强调指出，无产阶级还应当具有自己特别的纲领与特别的组织的党。他反驳道："难道加入国民党的中国无产阶级同时没有自己特别的政党，与国民党不同的，而且有自己特别的纲领、自己特别的组织的共产党吗？"

斯大林用马克思列宁主义的观点，来解释中国革命的若干问题，使左权受到了深刻的教育，驱散了心头的疑云，坚定了马克思列宁主义的信仰。斯大林这次和中山大学学生的谈话，给左权留下了终生难忘的印象。

其后的好长时间，左权还和同学们认真讨论，深入交谈，在左权回国以后，仍然清楚地记得当时的场景。

第四节　入伏龙芝军院

创建于 1918 年的苏联伏龙芝军事学院，主要培养中高级军事干部。为帮助中国革命培养高素质的军事人才，从 1925 年起，伏龙芝军事学院专门为中国留苏学习军事的学生预留了名额。

在中山大学的学习，让左权开阔了视野，对军事指挥产生了浓厚的兴趣，当他了解到伏龙芝军院之后，对这所学校产生了一种执着的向往。按照苏联的规定，凡是进入这所学院学习的人，必须具有较高的军事素质，一般是团职以上的干部。对此，左权并不是不了解，就算被别人笑话"癞蛤蟆想吃天鹅肉"，他还是想能够直接进入伏龙芝军事学院学习。

于是，左权向学校方面提出申请。在申请信里，他表明了自己对共产主义的忠贞以及对革命的热情。学院领导在了解到左权的这一迫切愿望后，根据其出众的才华和担任过基层指挥官的经历，作为特例，批准其进入该校学习。

1927年9月，左权正式进入伏龙芝军事学院学习。此时，该院的组织结构刚刚调整，分为基本系、东方系、供应系和工农红军高级指挥人员进修班。

伏龙芝军事学院开设的课程主要有：战略思想、战术教程、第一次世界大战史、俄国内战史、军事地理、马列主义理论和俄语等。课程通常由工农红军参谋部和政治部、各特种兵司令部的司令员和部门首长负责讲授。

伏龙芝军事学院非常注重培养学生的自学精神和单独解决问题的能力，在课程的安排上也体现出了由易到难、由浅入深的教学规律。

按照伏龙芝军事学院教学大纲的规定，左权等人在一年级主要学习各种战术，完成团职军官所需要的军事知识；二年级学习合同战术，完成师职军官所需要的军事知识；三年级学习的是有关战略的各门课程，完成军职军官所需要的军事知识。

左权学习认真刻苦，无论是课堂学习、图上作业，还是野外演习，他都专心致志，一丝不苟。因而，左权在伏龙芝军事学院的学习成绩颇为优异，尤其是野外战术作业，更加出色。左权的刻苦学习精神和其优异的学习成绩，经常得到学院教员和同学们的称赞。

同时，左权非常注重学习方法，不是死记硬背书本上的那些条条框框，而是善于从研究战争的历史着手，来理解战争的本质，悟出有关战争的规律、作战的原理和原则。左权对 19 世纪普鲁士王国军事理论家克劳塞维茨所写的《战争论》一书，极为推崇。他在读这本书时，便是根据克劳塞维茨在书中所揭示的方法，从研究战争史入手，用历史的事实来证明理论的正确性，使理论观念与战争实际相结合，使自己从中获得了不少的经验和教训。

学院教员的教学水平比较高，教学态度也是相当认真的。在这种严谨治学环境的熏陶下，左权更加善于独立思考和解决问题，从而也逐渐培养出遇事沉着、刚毅果断的性格。

根据伏龙芝军事学院的安排，左权等中国班的 6 名学生于 1930 年 6 月毕业，在经过一阵的焦急等待之后，左权等人终于等到了回国的命令，便与刘伯承等人坐上开往海参崴的列车，踏上了回国之路。

就读于世界四大著名军校（美国的西点军校、英国的桑赫斯特皇家军事学院、俄罗斯的伏龙芝军事学院以及中国黄埔军校）中的两所，接触到当时世界上最先进的军事理论，这对左权的一生起着非常重要的影响，为其回国后在革命战争中充分展示自己的军事才华奠定了良好的基础。

第四章　赴中央苏区

第一节　回国之初

1930 年上半年，中国工农红军完成了创建时期的历史任务，实现了土地革命战争初期的战略展开，也正是因为共产党力量的雄起，让蒋介石不敢对回国的这批人才掉以轻心，正派人搜捕在中共工作的黄埔同学。

1930 年 8 月，左权到达上海，被秘密地安顿在新民旅馆里。在上海租界的街道上，偶尔会挂着革命者血淋淋的头颅，而我们那些被明显欧化了的同胞们，却对此熟视无睹，见到此情此景，左权百感交集。

此时的左权，突然意识到了知识也有无用的时候，满腹才华得不到施展的落寞也油然而生。一天，一个戴着黑色礼帽，穿着中山装，鼻梁上架着墨镜的中年男子敲响了左权的大门，乍一看，左权以为是国民党的人，手心冒出一股冷汗。

"怎么，不认识我啦？你再仔细瞧瞧？"那人将帽子脱下，一脸和气地笑。

左权终于看出来，这位突然神秘地出现在他面前的男子，正是陈赓。

"原来是你啊，好久不见！"说话间左权就伸出双手，一

把拉住陈赓，将他迎了进来。

陈赓还是直性子，没等屁股坐热，就单刀直入地说："你知不知道黄第洪已经叛党投敌啦？"

左权一听到这个消息，十分惊讶。黄第洪是湖南平江人，与他俩是讲武学校和黄埔军校的同学，他和左权在伏龙芝军事学院也是同班同学，这次毕业一同回国，看到租界内革命的进展并非自己所想，难免失意，为此，左权等人还劝过他，不要对革命悲观，不要轻易说放弃，想不到几天时间却发生了这样翻天覆地的变故。

"他回来之后和周恩来书记联系过，你们的情况他很清楚，恐怕现在会威胁到你的安全。"

"想不到，黄第洪是这种人。"左权记得在莫斯科时，黄第洪和大家称兄道弟，一起学习，一起高谈革命，如今翻脸就跟翻书似的，不仅出卖了理想，还出卖了战友。

"马上搬家，无事时要提防，有事时须镇定。"说完，陈赓便悄然离去。

左权深深地感到，坚持是人间最难的一件事，说放弃只需要一秒钟，而坚持，却要在时间的长河里，同各种各样的诱惑作斗争，直到最后，你才有资格和人谈坚持二字。

此时的左权，刚 25 岁，深知自己的生命已不仅属于自己，更属于革命，他没有回家探亲，便根据中共中央军委的决定，赴闽西苏区担任中国红军军官学校第一分校校长。

左权辗转来到闽西革命根据地中心龙岩，就任中国工农红军军官学校第一分校教育长，负责教务工作，并担任了军事课程的教学任务。

他热情地为学员讲解军事知识，介绍苏联革命，受到了广大学员的欢迎。11 月，左权离开龙岩，到闽西根据地进行调查研究，并当选为闽西工农革命委员会常委，主持闽西地方红军的整编工作。

第二节　整编闽西武装

在实际的调查中，左权发现闽西红军的实际情况并不如中共中央认为的那么乐观，现有的战斗兵员仅有 400 余人，枪 800 支，与中央预期的 4 万武装悬殊。左权还发现，部队士气低落，甚至还有拖枪逃亡的。

原来，红二十一军曾两次出击东江失败，士兵们怨声载道，发牢骚说："打到东江去，包袱毯子丢了去。"

针对闽西苏区当时的形势，左权于 12 月 29 日和新组建的红十二军政委施简联名向南方局写了一个书面报告，汇报了闽西苏区的真实情况。他在报告中指出：闽西局势的形成，主要是"闽西红军机械地执行了东江发展的战略，而在策略上犯了军事观点的错误"。他还在报告中总结道："一般说来，在没有党及群众组织的地方，不要轻易作战；不明敌情，绝不作战；对于硬仗，没有十分把握的仗，不应该打。一切战斗都不能当作儿戏。"他将当时闽西的情况一一阐明，冒着被处分的风险，毅然向中央建议红军暂停进攻东江，改为进攻漳州，并提出"建设和巩固闽西苏区根据地，肃清残匪，巩固内部，是闽西党和新十二军的主要任务"。

左权出于一个共产党人的强烈责任感写下了这些言辞，这不是对马克思言辞的照搬，也不是用已有经验来讲道理，而是用实事求是的精神，来完成自己的使命，是多么的可贵。

由于当时"城市中心论"在中共中央占据统治地位，他们的建议没有被接受。

12 月底，蒋介石调集 10 万大军向中央苏区发动了第一次"围剿"，张贞正率兵以龙岩为目标，企图配合蒋介石的第一次"围剿"，不久，闽西龙岩、永定先后失陷。

因前线战事紧急，左权根据中共中央南方局的指示，结束地方调研工作，于 12 月 20 日正式就任新红十二军军长。他到任后，积极整训部队，拟制反"围剿"作战计划。

为配合红一方面军的反"围剿"作战，12 月底，左权指挥新十二军以长汀为支点，运用游击运动战的方式，成功阻止了张贞的进攻，国民党军对闽西苏区的"围剿"也悄然收场，这次的胜利让人们看到了左权的军事理论和实际作战的水平。

第三节　宁都起义

左权的军事报告和调查报告虽然没被采纳，但他的文笔让毛泽东十分欣赏，毛泽东认为他思维缜密，文字简练而深刻，夸他"两杆子都行"。所以在第二次反"围剿"开始后，毛泽东将左权调入自己一手培植起来的红一方面军总司令部任参谋处长。

左权还在苏联时，便对毛泽东的雄才伟略有所耳闻，见面那天，毛泽东身穿一套褪色了的灰布军服，头戴八角帽，像个普通的士兵，只是个头大，面容瘦削。毛泽东也来自湖南，乡音的亲切很快消融了陌生感，两人相谈甚欢。接下来的日子，左权的表现也深得毛泽东、彭德怀的赞赏。

1931年12月14日，国民党第二十六路军准备在宁都暴动。起义爆发前夕，左权和中革军委副主席、红军总政治部主任王稼祥，中革军委秘书长刘伯坚一起，作为中革军委代表，携带电台到宁都城东南的彭湃县苏维埃政府所在地固村，负责联络和指导起义部队。

左权按毛泽东的设想，三次深入虎穴，做了大量工作，最终使起义取得了成功。这不仅不发一枪一弹拔掉了中央苏区内最后一颗"白钉子"，还使一支1.7万余人的国民革命军正规军被改编为红五军团，左权被任命为该军团最精锐的第十五军政委。

宁都起义成功后，第二十六路军改编为红五军团，辖第十三、十四、十五三个军。由于第二十六路军上层军官大多为日本士官生、保定军校生、冯玉祥西北军官学校的毕业生，为做好他们的团结工作，中革军委选派到红五军团军以上的政治委员基本上是既懂军事又懂政治的留学生。左权被派往红十五军任政治委员兼政治部主任。

第四节　红十五军的改编

红十五军是由原二十六路军七十四旅和混编七十五旅、八十一旅各一部建立起来的。这支部队过去是冯玉祥倚重的力量，跟随冯玉祥时间较长，老兵较多，装备好。冯玉祥信奉基督教，在士兵中宣传基督教义，做礼拜，读圣经，唱圣诗，奏圣乐，祷告忏悔，基督教义在官兵中有很深的影响，加之国民党的欺骗宣传，许多官兵不了解红军和苏区。左权到红十五军后，政治工作面临重重困难。

士兵是军队的基础。左权认为要将这支起义部队改造成为无产阶级性质的队伍，首先要改变士兵的信仰，把他们从崇拜上帝、盲目服从的雇佣观念中解放出来。为了提高官兵的政治觉悟，左权多次到连队为起义官兵讲课、作报告，讲解红军的宗旨、性质、任务，教育广大官兵为工农翻身解放而打仗的思想。左权特别强调官兵在政治上一律平等，在当时提出了一个响亮的口号："军阀主义是头号敌人，必须首先打倒它。"在左权主持下，部队广泛开展了后来发展为三大纪律八项注意的教育，按红军的建军原则建立了民主制度，连以下设立了士兵委员会，让士兵用民主的办法自己管理自己。部队实行经济公开，官兵待遇平等。

为了增加起义官兵对苏区和红军的了解，左权组织起义官兵到苏区党政机关、红军学校和部队驻地参观学习。广大官兵看到红军官兵平等，团结友爱，根据地军民亲如一家，鱼水情深的情景，受到很大教育。同时，左权还让官兵们与驻地群众联系，帮助老百姓担水扫地，下田劳动，以密切军民关系。期间，苏维埃中央临时政府、中革军委的领导同志毛泽东、朱德、项英等都来到红十五军，给官兵们讲革命道理，鼓励他们进步。

由于当时党内严重的"左"倾错误，起义部队在整编中，有人提出了"要兵不要官"的口号，一些愿当红军的军官，也被确定为遣散对象。在红十五军，一时谣言四起，一些连队宣布戒严，还有的无故放枪，气氛十分紧张。据萧劲光回忆，当时在红十五军发生了殴打政治委员左权的事件。在党内，有部分人对起义部队问题的严重性估计过重，甚至有人主张武力解决。这样就加剧了部队的思想混乱。

针对红十五军的情况，左权及时向上级报告，研究对策，同时主动找起义军官谈话，耐心地教育帮助，消除他们的思想顾虑。为团结高级军官，左权多次找军长黄中岳谈心，启发其革命觉悟。原二十六路军七十四旅一团中校副团长苏进，工作努力，积极要求进步。根据苏进的表现和要求，左权和刘伯坚、高自立三人一起作为苏进的入党介绍人，为其办了入党手续。

苏进后来回忆说："入党以后，军政委左权找我谈过一次话。他说：'从今以后，你就是无产阶级先锋队伍的一个党员了，你要始终牢牢记住：任何关系都不能超过党的关系！'他谈完后，又送给我《共产党宣言》《列宁主义概论》《国际路线》和《斯大林对苏联第一个五年计划第三年度执行情况的报告》四本书，要我很好学习，争取做一个名副其实的共产党员。他的谈话以及送给我的这些书，对我来说，简直是雪中送炭，使我如获至宝，激动不已。"新中国成立后，苏进任炮兵副司令，1955年被授予少将军衔。

经过一个时期艰苦的思想改造工作，起义部队稳定了下来，还进行了军事训练，学习红军的运动战、游击战术，部队面貌焕然一新。

1932年春，左权率红十五军参加了赣州战役。这是红十五军改编后第一次在战场上亮相，表现出了勇猛顽强的大无畏精神，打出了军威，经受了战火的考验。同年4月，左权又率领红十五军从千里之外的赣南出发，一路斩关夺隘，为漳州战役的胜利做出了重要贡献。漳州战役后，为了教育红十五军这支起义部队，左权组织了排以上干部到漳州参观，教育部队严格遵守城市政策和群众纪律，强调要学习苏联红军。这一做法，得到了毛泽东的好评。由于红十五军模范执行纪律，买卖公平，对老百姓和气，给漳州人民留下了良好印象。

正当红十五军在南靖开展群众工作时，红十五军军长黄中岳和红五军团总指挥季振同突然被捕。左权被任命为红十五军军长兼政委，对这二人的被捕，左权虽有疑虑，但为了稳定部队，还是极力按中央的口径去教育部队。

第五节　忍辱负重的左权

1931年1月，中共六届四中全会以后，王明"左"倾教条主义者把持了中央领导权，1932年5月底，中革军委突然宣布撤销左权红十五军军长兼政委的职务，到后方接受审查。

由于左权曾在国内外受过系统的高等军事教育，军事理论素质强，又有丰富的军事实践经验，结束审查后，他被安排到中国工农红军学校任军事教官。这是红军第一所培养军事、政治、特种技术指挥人才的综合性学校。左权到红军学校时，正值第3期开学。当时，由刘伯承任校长兼政治委员。由于遭受到"左"倾教条主义者的打击，在红军学校的一段时间里，左权的心情是沉重的，但他并没有因此消沉。能在为人宽厚的老同学刘伯承领导下工作，左权多少也感到一些宽慰。在新的岗位上，他以一个共产党员的坦白胸怀，对党忠心耿耿，兢兢业业地工作，根本看不出他是刚刚受到撤职处分的人。

左权在红军学校主要担负军事课程的教学任务。为讲好每一堂课，他总是认真准备，重新研读了马列主义理论和一些中西方著名军事家的军事著作。在左权的案头，除有党的文件，毛泽东、朱德的著作外，还有俄文版的《列宁全集》《苏联红军丛书》，伏龙芝、苏沃洛夫、克劳塞维茨等人的军事文集以及曾国藩、左宗棠的文集等。

左权在课堂上理论联系实际，善于以典型战例说明深奥的理论问题，达到了很好的课堂效果，受到大家的好评。据曾在红军学校学习的耿飚回忆："左权同志学识丰富，给干部作报告、讲课谈笑风生，引人入胜。讲战斗有头有尾，绘声绘色；谈学习，引经据典，深入浅出；说历史，因事源流，头头是道。他既懂天文地理，又了解中外战略战术，深受干部战士的敬重和爱戴。"

在做好教学工作的同时，左权翻译发表了《苏联国内战争中之红军》，撰写了《苏联红军中党的工作原则》等文章，编写了《军语解释》一书，这些文章和书籍对推动当时红军建设起了重要作用。

1932 年 10 月，苏维埃中央军事委员会总参谋长叶剑英与刘伯承对调，担任红军学校校长。此时正是红军学校第 3 期学员毕业前夕，根据教学计划，叶剑英到任后组织了一次远距离的野战演习。左权和其他军事教员积极协助叶剑英，对演习进行了认真的准备。演习开始后，左权随演习部队从瑞金出发，经武阳围、谢坊、乐村、会昌，往返 100 多公里，运用山地、丘陵、平川、江河等地形地物，进行了近似实战的演练。这次演习是对红军学校教学工作和学员学业的一次检验，取得了圆满成功。

抗日英雄

左权

第五章 漫长的长征

第一节 突破封锁

1933 年的冬天，显得格外地漫长。共产党与国民党的交锋并没有因为这绵延的雨雪有所停歇。不久，中共消耗增大，士兵缩减。

这不得心应手的战斗让军委越来越清晰地意识到，战术对于战争的重要性。军委决定任命左权为红一军团参谋长，这使得红一军团团长林彪、政委聂荣臻非常高兴，特意准备了一顿年饭为左权接风。

这一天傍晚，天气阴沉得厉害，西北风呼呼地刮着，火星随风飘散到空中，空气中弥散着的米香使得大伙心里还是暖洋洋的。由于国民党的军事进攻和经济封锁，根据地的日子着实不好过，除了前线部队能勉强填饱肚子，后方人员常常都是饿得前胸贴后背，这一顿普通得不能再普通的年夜饭，也是最"奢华"的大餐了。

林彪也显得很高兴，拉着左权的手说："有你这样一位才德兼备、文武双全的参谋长，这样一位十分纯朴和本色的共产党员，我这心里踏实了一半！"左权直摆手，瘦削的脸上泛起了红光："哪里，眼下正是党困难的时候，党能相信我，是我最大的光荣！"

就在大伙沉浸在过年的温馨氛围中时，"轰……"远方传来接连的爆炸声，战士们警觉地站起来，有人赶紧踩灭篝火，有人拿起武器听候命令，原来是国民党的轰炸机，看来这饭得泡汤了。左权就是在敌人的战火中，成了大家名副其实的军团参谋长。

中共几次反"围剿"都起到了一定的作用，直到第五次反"围剿"的到来，中央红军的防御成了退却，国民党的进攻变成了追击。1934年10月中旬，红一方面军8万多人陆陆续续从福建长汀、宁化和江西瑞金、于都地区出发，开始大规模地转移。10月21日，一军团战士进入信丰境内，敌人的第一道封锁线就在这附近的公路上。由于侦查周密，战斗的号角一拉响，红军相继攻克了金鸡、渡过漳水、翻越西华山，第二道封锁线就在眼前。

一路上，红军只见一座座碉堡散落在山岭上或公路边，有四方形的、六角形的，像一只只身披盔甲的乌龟，它们本来是敌军坚固的保护壁垒，随着红军势如破竹般的胜利，被烧的烧，拆的拆，只留下外壳，远远望去，就像一个个马蜂窝。可好景不长，经过数次较量，国民党慢慢摸清了红军的走向，前进的道路也艰难起来。

林彪后来回忆和左权一道战斗的生活时写道："多少次险

恶的战斗，只差一点我们就要同归于尽。好多次我们的司令部投入混战的漩涡，不但在我们的前方是敌人，在我们的左、右、后方也发现了敌人，我们曾各亲自拔出手枪向敌人连放，拦阻溃乱的队伍向敌人反扑。子弹、炮弹、炸弹，在我们前、后、左、右纵横乱落，杀声震彻着山谷和原野，炮弹、炸弹的尘土时常在你我的身上，我们屡次从尘土中浓烟里滚了出来。"[1]

左权是在枪林弹雨中闯过的汉子，早已将生死置之度外，眼下首先需要考虑的，就是如何抓住敌人的弱点，顺利甩掉蒋介石20万大军。一个木桶能装水的多少取决于它最短的木板，而一条防线的坚固程度，决定于它最弱的一个环节。林彪、聂荣臻、左权经过一次次地分析认为，只要利用敌军内部矛盾，撕开一段裂缝，就能冲出敌军最后一道封锁。最终，这一策略成功了，但是红军也为此付出了惨重的代价，当初的伙伴只剩下了3万多人，为此，左权这位视死如归的英雄，也忍不住悄悄抹起了眼泪。

第二节　克服雪山之难

当红军终于摆脱了敌人的围追堵截，部队已经来到了泸沽，离天险大渡河只有遥遥几步了。1935年5月20日，左权

---

[1] 引用自林彪《悼左权同志》。

作为任司令员率领一个小分队从泸沽出发，他和刘忠走在前面，雄赳赳气昂昂，奔向喜德县小相岭，一副挺近成都之势。

这一路大约有 150 里，要 1 天赶到，一路上，山峰高耸入云，氤氲环绕，曲径通幽。左权兴致勃勃地和战士们聊起天来："现在我们经过的这些地方，就是诸葛亮七擒孟获的所在，那时候，也是五六月天气，特别酷热。罗贯中在《三国演义》中用'山泽欲焦枯，火光覆太虚。不知天地外，暑气更何知……'"左权说得带劲时，还摇头晃脑起来，这呆萌的样子乐翻了身旁的刘忠："哎，我说老左，你什么时候也时兴起'掉书袋'啦，哈哈哈……"左权听了也不生气，用右手捂住嘴巴往刘忠耳边小声说："这战士脸上的汗水都快成作战地图了，得给大家说说话活络一下气氛。"接下来，边清清嗓子转身往后大声说道："把这句话翻译成大白话，就是四川的天气特别热，大家说是不是啊？"

"是……"战士们齐声答道，声音在山间回响，久久没有平静。左权继续给战士们说了诸葛亮的故事，大家也都七嘴八舌地讨论起来，把行军的枯燥暂时抛在了脑后。

然而欢乐的时光也总是短暂。红一方面军跨越天险大渡河之后，经过几个县，就来到了夹金山的脚下。

左权是在山岭下长大的孩子，可是眼前的山与家乡的山却天差地别。夹金山，海拔有 4500 余米，大渡河、小金川、青衣江在这里蜿蜒而过，获得了新的生命。江南的小桥流水人家从此不复存在，却是另外一幅冰天雪地、风雪交加的景象。

当左权和军团到达山下时，看见了一块木牌，上面写着："上午9时以前，不得过山。"这里还有百姓搭了棚子，专门等着红军，向他们介绍过山经验。

这里的人们敬畏自然的神灵，他们觉得山上住着神仙，神仙们踩着黑夜的脚步而来，他们大显神通的时候，是不可侵犯的。只有到了上午9时，风雪才玩累了，回去休息了。这时候，你得细声细气地过山，脚步也不能踩重了，免得惊扰了神仙的美梦。

自从长征以来，红军爬过高山、涉过险水，什么困难没有见过，心里对于百姓的提醒也打了折扣。第二天凌晨，军队每人喝了一碗辣椒水，然后大踏步上山。厚厚的积雪却不是这么好对付的，没走出几米，步子就越迈越小了，可这些都阻挡不了大家想与前方战士早日会合的热情。

左权也走在这攀登的队伍里，可这时候的他不再是之前有说有笑的左权司令员，他病了，过度的劳累让他的健康受损。左权除了和大家一样行军之外，一到宿营地，别人能休息，他还要带领侦察队勘察地形，同时还要考虑战略战术，哪怕是铁打的身子，也熬不住这接连几个月的折磨。他经常一只手拿着电话机说话，另一只手拿着笔在写，写着写着，眼睛几乎快眯上了，也必须坚持下去。

左权的单衣被肆虐的寒风吹起，像被一只巨手揉皱的抹布，脚下的草鞋也像被狗啃过一样，破洞的地方接触到寒冰，钻心地疼。左权脸色惨白，嘴唇发乌，呼吸越来越沉重，脚也越来越软。

军团长林彪以前从来没掉过队，这次过雪山，晕倒了好几回。政委聂荣臻考虑到左权的情况，对担架员说："你们去抬抬左权，帮帮他吧！"可是左权谢绝了同志们的好意，他认为还有更需要帮助的战士，自己在他人的搀扶下拄着木棍继续爬山。

经过4个小时的漫长跋涉，左权终于到达了山顶，他一屁股坐到雪地上，心里想着："我死也要走出这座雪山。"就是凭借着这股倔劲，左权竟然没有倒在夹金山上。

第三节　胜利会师之后

在长征的途中，战士们一心想的只是如何逃出国民党的魔爪，谁料在千里之外，却正酝酿着一起巨变，1937年7月7日的卢沟桥事件宣告抗日战争的全面爆发。

1937年8月25日，中央革命军事委员会发布命令，中国工农红军正式改编为中国国民革命军第八路军，前总指挥改为

第八路总指挥部，以朱德为总指挥，彭德怀为副总指挥，叶剑英为参谋长，左权为副参谋长。这一决定是对抗日的响应，也是中华民族燃起的希望的星火。

1937年10月10日，三大主力胜利会师，中国共产党中央委员会、中华苏维埃中央政府、中央革命军事委员会向红军领导人及全体指战员致以热烈的敬意与欢悦的贺忱，此时的八路军都来不及好好享受这欢愉和喜悦，就又投入到新的战斗中去了。

1938年2月20日，在左权和朱德的率领下，八路军总部机关和特务团第二营由牧马村到达府城。当时我军只有特务团二营一个营和总部一个骑兵排的兵力，而日军第一〇八师团一〇四旅团有6000余人。

面对敌强我弱的形势，左权说："决不能躲，坚决要打，以杀日军的锐气，扬八路军的抗日英名，保护老百姓和地方政府转移！"朱德经再三考虑，同意了左权的意见，并对安泽县县长邓肇祥说："我带的队伍不多，全部用上了。你不是还有点自卫队吗？交给左参谋长去指挥吧，他很有办法。"

左权将为数不多的军队设置成双重防线，左权命令警卫人员护送朱德去第二道防线，自己带两个作战参谋和一个骑兵班亲临第一道防线指挥。日军装备精良，先是侦察机投下一颗颗橘子大小的炸弹，接着发射大炮远远炮击，最后是士兵抱枪冲锋，这一波接一波的攻势像洪水般涌来。左权明白这时候绝对不能与敌人硬碰硬，也坚决不能坐以待毙，便命部下既不反冲锋也决不放弃阵地，敌人靠近时就甩手榴弹杀敌，并命总部机关干部往前线运送手榴弹。就这样，八路军与日军一打就是一昼夜。敌人做梦也没想到，阻击他们的仅有一个连。

夜幕降临，敌军的枪炮声渐渐地小了起来，八路军战士有些高兴，看来小日本也没什么好怕的，这么不经打，左权也终于松了口气。就在这时，山脚下冒出了股股浓烟，火焰魔鬼般地从无到有，从小到大！不一会便烧了上来，火光照亮了整个天空，像枫叶一般鲜艳，又像鲜血般殷红。左权心想："日军也是不简单，日军想用大火逼迫八路军放弃阵地追击，我偏不上当！"他随即命令部队决不追击反而后撤。

两军就这样对峙着，2月23日上午，日军进到府城以东的沁河边并强渡沁河，左权命部队以猛烈射击封锁河面，日军连续冲锋3次，却未能前进一步。

战斗中，左权带一个骑兵班巡视敌情，在一路口刚好遇上日军的骑兵奔驰而来，浩浩荡荡两三百人马。日军一见绿色军帽上的五角星就放枪，打了个措手不及。左权身边的骑兵猝不及防，坐骑一下惊散，左权本人的坐骑也被惊跑了。两个警卫员跑去捉马，左权身边只剩1枪1骑，而日军却掩杀过来。

说时迟，那时快。左权对身边唯一的一名士兵说："撤！"

于是两人撤向山坳口，左权拔出手枪专打日军官佐，造成日军的混乱和惊慌，慌乱中分散着火力。那名战士也是神枪手，枪一响，日军不是人仰就是马翻。当时身为八路军前敌指挥部三号首长的左权，就这样指挥着一个战士，抵挡着300多名日军。

骑兵班终于集合好队伍赶上来，这时总部一个参谋也带一个警卫排赶到了阵地上。左权依着山势开放的一面，指挥这50多条长枪布成一个"人"字形阵，组成交叉火力网。

这场战役共打了四天三夜，八路军打击了敌人，保护了安泽县的老百姓，沿途45个村庄没有一人遭日军杀害。

抗日英雄
小故事

第六章 百团大战

第一节 命令下达

1940年春，中国的全国抗战已进入到第四个年头。四五月间，世界形势风云突变。纳粹德国在很短的时间内便席卷了半个欧洲，气焰甚是嚣张。欧洲战局的急剧变化，大大刺激了日本帝国主义争夺亚洲、太平洋地区霸权的欲望。为迫使蒋介石屈服，尽早结束中国战事，日本帝国主义一边加紧对蒋介石进行政治诱降，一边进一步加强对中国的封锁和军事压力。日本趁法、英两国无暇东顾之机，迫使其关闭滇越、滇缅公路，切断了中国的国际交通线。五六月间，日军还在中国正面战场发动了大规模的枣（阳）宜（昌）战役。同时，日军的航空部队对重庆、成都等中国内地进行狂轰滥炸，还扬言要在8月份南进昆明，北攻西安。另一方面，日军为达到彻底摧毁华北各抗日根据地，巩固其占领区的目的，进一步加强了对华北交通线的控制，同时整治运河，增设据点、碉堡、封锁沟、封锁墙，开始推行其"以铁路为柱，以公路为链，以碉堡为锁"的"囚笼政策"。

在日军的"囚笼政策"蚕食下，华北抗日根据地日益缩小，许多根据地变为游击区。根据地的人民深受其害，迫切要求痛击日本侵略者，以摆脱抗战困境。

由于国际形势的变化，日本的全面施压，使国内一部分人发生了恐慌，对抗战前途更加悲观。特别是在国民党统治区，妥协投降的空气日益严重，消极抗日、积极反共的暗流不断涌动。在这期间，蒋介石的代表与日方代表在香港、澳门进行了多次秘密接触和会谈。有的国民党军队甚至打着"曲线救国"的幌子投靠日军。此外，日伪顽还在华北地区到处散布八路军"是搞乱的军队"，八路军"专打友军、不打日军"，八路军"游而不击、只吃饭不打仗"等众多谣言来迷惑群众。

一直身处华北敌后的八路军正、副总司令朱德、彭德怀及八路军副参谋长左权对全国抗战局势尤其是华北抗战局势的发展深感不安。他们决心在华北敌后发动一次较大规模的交通破袭战，打断日军的"柱子"，捣碎日军的"链子"，毁掉日军的"锁子"，从而打破其"囚笼政策"。

1940年4月下旬，朱德离开八路军总部后，彭德怀与左权继续就开展交通破袭战问题进行研究，并先后同第129师师长刘伯承、政治委员邓小平、参谋长李达，第385旅旅长陈锡联、第386旅旅长陈赓，晋察冀军区司令员兼政治委员聂荣臻，八路军第3纵队兼冀中军区司令员吕正操等人进行过多次讨论。最后，众人一致同意在华北敌后进行一次交通破袭战，并把作战的主要目标放在正太路上，同时对平汉、同蒲、白晋、平绥等华北各主要铁路及其他主要的公路线也展开破袭，以配合正太线的作战行动；除第115师和山东纵队不参战外，第120师、第129师及归其指挥的决死队，另外还有晋察冀军区部队都将参加此次战役。随后，八路军总部即开始起草战役的预备命令。

1940年7月22日，由朱德、彭德怀、左权联名签署的破袭正太铁路的《战役预备命令》由八路军总部正式下发到晋察冀军区、第120师及第129师，同时上报中共中央及中央军委。该命令首先简要分析了当时国内的抗战形势及对华北敌情的判断，阐述了破袭正太铁路的理由，继而明确指出，此次战役"以彻底破坏正太线若干要隘，消灭部分敌人，收复若干重要名胜关隘据点，较长期截断该线交通，并乘胜扩大拔除该线南北地区若干据点，开展该路沿线两侧工作，基本是截断该线交通为目的"。该命令还要求对其他各重要铁道线，特别是平汉、同蒲线，应同时组织有计划之总破袭，以配合"正太铁道战役之成功"。

7月23日，八路军总部又下发了由朱德、彭德怀、左权联名签署的关于进行正太战役中侦察重点与注意事项的指示。8月8日，八路军总部正式发出《战役行动命令》，命令"限8月20日开始战斗"。

抗日英雄 左权

第二节　百团参战

八路军总部在 1940 年 7 月 22 日下发的《战役预备命令》中，要求直接参加正太线作战的总兵力不应少于 22 个团，其中晋察冀军区为 10 个团，第一二九师为 8 个团，第一二〇师为 4 至 6 个团，另外还有八路军总部炮兵团大部及工兵一部；在 8 月 8 日下发的《战役行动命令》中，除没有对第一二〇师规定出具体参战兵力外，仍要求晋察冀军区以主力约 10 个团、第一二九师以主力约 8 个团及总部炮兵团参战。综合这两份文献可以看出，八路军总部当初设想的战役规模不会超过 25 个团。但当战役打响并且取得了一些胜利后，各根据地有不少武装力量乘日伪仓皇撤退之际，自动参加了战斗，自发地奋起追歼日伪军，这就使得战役规模迅速扩大。这也是彭德怀和左权未曾想到的。

战役打响的次日，刘伯承、聂荣臻、贺龙、吕正操等人便陆续致电八路军总部，报告战绩。彭德怀、左权看到一份份奏捷的电报后，脸上不时地露出笑容。为了尽快向中共中央军委和国民政府军事委员会报告此次战役的进展情况，彭、左二人要求八路军总部司令部在 8 月 22 日中午前务必查清正太全线和其他各路所有参战部队的兵力和战斗情况。关于八路军参加

百团大战的兵力，目前有 103、104、105 和 115 个团等多种说法。实际上正确的说法应是 105 个团。

8 月 22 日午饭过后，彭德怀、左权信步走进作战室，听取战况汇报。

八路军总部作战科长王政柱根据统计的结果向彭、左汇报参战兵力："正太线 30 个团，平汉线卢沟桥至邯郸段 15 个团，同蒲线大同至洪洞段 12 个团，津浦线天津至德州段 4 个团……共计 105 个团。"

左权在听完他的汇报后脱口而出："好！这是百团大战，作战科再仔细把数字查对一下。""百团大战"这个响亮的名词立即吸引了坐在一旁的彭德怀，他接口说道："不管是一百多少个团，干脆就把这次战役叫作百团大战好了。"经彭德怀这么一说，左权觉得用"百团大战"四个字作这次战役的名称，更符合实际，也更有气势。他非常赞同彭德怀的这个提议。在场的《新华日报》（华北版）记者陈克寒听了彭德怀的提议后也说："叫百团大战好，反映了这次作战气魄，我的报道工作也好写了。"于是，彭德怀和左权一起拟电，将此次战役正式定名为"百团大战"。

第三节　捷报频传

1940 年 8 月 20 日晚上 8 点，"百团大战"正式开始了。八路军出动了 105 个团、40 万人的兵力，在广大民兵的配合下，向全华北主要的交通线开始了战役的总破击。

此时日军在华北地区的兵力已经由之前的 30 万增加到 60 万，为了克服敌我悬殊的兵力，左权决定在战术上采取突然袭击的方法，用包围、迂回部署、断其退路等方式来消灭敌人。战斗首先在正太路沿线打响了，正太路沿线守敌只有不到 3600 人，左权以 10 倍于敌人的优势，很快就取得了战场上的主动权。之后，129 师中央纵队主力预伏于狮垴山一线，以控制正太线，防止日军从侧后攻击。

此时，驻扎在阳泉的日军独立混成第四旅团司令部因被八路军切断了通信线路，早就乱作了一团。狮垴山上的八路军开始用日本话向他们大喊："投降吧，快点投降吧，再不投降就是死路一条。"而山下的日军气得直跺脚："八格牙路，电话线为什么还不通，不通，八路军大大地坏。"日军想尽一切办法想要恢复电话线路未果后，不得不开始向外求援。但无奈，日军当时的直属部队也没有兵力可用，仅抽出了包括卫兵在内的40人，前往阳泉支援。八路军见状纷纷大笑起来，日军只好乖乖投降了。

在正太线的西路，刘伯承和邓小平指挥的一二九师正进行全力破击，芦家庄、马首等车站和据点很快就被攻克了。此时，聂荣臻也指挥晋察冀军区部队，以15个团的兵力破击平定到石家庄之间的正太路东段。当八路军部队如潮水般涌入正太路时，敌人还在睡梦中，就变成了俘虏，正太沿线所有的桥梁、隧道、重要据点等建筑物均被破坏了。八路军捷报频传，而日军部队却溃不成军，纷纷逃跑。各抗日根据地的八路军部队和地方武装，纷纷主动参战，自发地追歼从据点向外逃窜的日伪残军，一时间日军损失惨重。

战斗的失败，也激起了日军极大的报复心理，很快他们就重新集结了兵力，计划分区、分期对八路军实行各个击破的反击作战，进攻的主要目标就是一二九师。大伙纷纷请缨，要去和日军拼个你死我活，但都被左权制止了，他说："在前一阶段的战斗中，我们的部队都已经非常疲劳了。有的部队坚持战斗十几个昼夜，有时候连一顿饱饭都吃不上，一宿觉都睡不足。战士们一个个熬得眼睛通红，身体疲惫，累病的很多，再加上伤病号，部队现在并不适宜再进行大规模作战了。"

大伙对左权的分析深表赞同，但也很是担忧，不出击作战，难道就任日军猛烈进攻吗？左权看出了大伙的心思说道："现在我们要改变我们的战术了，我们只留下少数兵力来扰乱敌人的注意力，主力部队要马上停止斗争，转移到外线休整。同时，要命令地方政府和自卫队、游击队，掩护民众转移，以免遭到敌人的报复。"

8月30日到9月18日，日军进行了两次疯狂的扫荡，但因八路军提前部署，日军一无所获，整个部队充满了沮丧和疲惫。

第四节　英勇战斗

10月29日23时左右，左权忽然接到日军冈崎大队已占领关家垴和柳树垴的报告。他看了看表，离预定的总攻时间还有5个小时。敌情的这一变化，对八路军的攻击十分不利。原本山路就很狭窄，大部队难以展开，从现在的情况来看，进攻关家垴就更加困难了。眼下的这一场战斗，很可能是一场恶战。左权不禁有些担心。改变作战计划已不大可能，彭德怀已经下了作战命令，并且一再强调务必要歼灭这股日军。所以，左权此时想得更多的是如何指挥部队去取得这场作战的胜利。

经过慎重考虑后，左权决定让八路军总部特务团利用黑夜提前发起攻击。下定决心后，左权把特务团的团、营以上军事干部召集到指挥所，交代任务：第二营从侧后摸到关家垴山顶，30日凌晨3时发起攻击，除掉山顶上日军的机枪阵地；第三营从关家垴和柳树垴中间突击，斩断两股日军之间的联系，得手后向西突进，摸黑逐个消灭窑洞里的敌人；其他两个营从西北岭插上，防止敌人逃回武乡。左权特别强调，特务团的总任务是掩护兄弟部队按时进入阵地，然后来个中间开花，与兄弟部队配合，一举歼灭敌人。

部署完毕后，左权又解释道：我们之所以要在3时发起攻击，是因为敌人在我们的围困下已经疲惫不堪，特别是他们又刚刚构筑完工事，肯定是累得不行，困得不行，我们就要趁敌人酣睡时进行偷袭。

八路军总部特务团受领任务后，团长欧致富要各营营长按照左权的部署立即行动。凌晨3时前，特务团各营就已到达预定位置。第二营神不知鬼不觉地摸到了关家垴的山顶。随着寒光一闪，两个日军哨兵便悄无声息地倒下了。接着，第二营的战士把手中的手榴弹甩了出去，沉闷的黑夜顿时被隆隆的爆炸声打破。埋伏在山下的特务团各部随着团长欧致富一声令下，迅速向各自的目标冲去。

　　起初，战斗进展得相当顺利，特务团很快占领了关家垴上的一排窑洞。可正当特务团准备继续向前攻击时，左侧的一间窑洞中突然响起猛烈的机枪声，把特务团压得无法展开。特务团警卫连连长唐万成端起一挺机枪，率领一个班从斜坡上猛压下去，拼死冲到窑洞前，随即甩出一批手榴弹。顿时，窑洞里黄烟滚滚。随后，从里面蹿出来20多个日军。唐万成端起机枪一阵猛打，10余个日军立时毙命。他刚要往前冲，窑洞里敌人的机枪又响了起来。唐万成的一只手臂被子弹击中，机枪落到了地上。冲在前边的排长赶紧跑过去，将滚落到日军前的机枪抢了回来，随即打出一梭子弹，众人这才脱险。

　　原来，日军将这排窑洞全打通了，每个窑洞都筑有机枪阵地，既可独立构成一个火力点，又可与其他窑洞互相掩护、互

相支援，形成交叉火力网。机枪阵地前还挖有防弹壕，如果手榴弹没有扔到位，掉到防弹壕里，就难以对日军构成威胁。窑洞外也挖了工事，构成了里外相连、窑窑相通的循环作战工事。特务团不知道此种情况，在同日军争夺窑洞时，付出了不小的代价。欧致富一看情况不妙，立即命令各营暂停攻击，待大部队发起攻击后，再里应外合歼灭敌人。

对敌人的进攻又一次发起了，决战的战士们拿着刺刀，带着手榴弹，一口气冲到了敌人的面前。一时间，整个战场上，嘶喊声震天。日军见势不妙，掉头奔跑，日军的指挥官亮出一把长长的指挥刀，拦住了他们的去路，愤怒地说道："谁敢当逃兵，我现在就杀了谁。"想要逃跑的敌人无路可退，只好又架起机枪向八路军反扑，关家垴的战役仍然在继续着。

第五节　辉煌的胜利

关家垴战役进入了关键时刻，就在无路可退的敌人架着机枪疯狂向八路军扫射的时候，日军支援的飞机也开始在上空盘旋，并开始对关家垴进行狂轰滥炸。关家垴地方小，八路军投入进攻的兵力多，日军飞机的轰炸给八路军以很大的威胁，八路军不得不暂时停止进攻。日军飞机狂轰一番后掉头而去，八路军各部继续向当面之敌展开进攻。

天色渐渐暗了下来，但战斗并没有结束。左权在指挥部里一直在全身心地指挥战斗，他一次又一次走出指挥部的大门，向着战斗的方向焦急地眺望。听着炮火声、嘶喊声，左权知道此时战斗一定很激烈了，他为每一位八路军战士担心，好几次自己都想冲到战场上去和战友们一起并肩作战，但都被警卫员给拦了回来，他生气地说道："我不能让我的战士们独自在战场上厮杀，我要和他们在一起。"警卫员着急地说道："左将军，我们都明白您的心情，但您是我们的总指挥啊，您要是上了战场，出了什么问题，以后谁带领我们打鬼子啊。再说了，我真让您上了战场，我相信所有的战士都会不同意的，回头我也不好和大家交代啊。"

左权无奈，只好返回指挥部，开始用电话和前线联系，一边指挥着战斗，一边时刻掌握前线的战况。左权一夜没睡，焦急地等待，让夜晚也变得格外漫长。清晨，当太阳跃出地平线的时候，指挥部的电话再次响起了。左权迫不及待地拿起电话："我是左权，战斗进行到什么程度了。"电话那头的战士回答道："报告司令，战斗已经结束了，冈崎大队被我八路军全部歼灭了。"左权放下电话高兴极了，内心久久不能平静。他走出指挥部，看到战士和周边的百姓们，都聚集在了一起，大家举着胜利的旗子，欢呼着、歌唱着……

关家垴战役标志着中国历史上最著名的战役之一"百团大

抗日英雄
小故事

战"的结束。从 8 月 20 日起至 12 月 5 日止，彭德怀副总司令和左权将军率领八路军在华北 5000 里战线上，与日军多次战斗，历时 3 个月，终于却得了战斗的胜利，给日军以沉重的打击。据统计，"百团大战"期间，共与日军进行了大小战斗 1824 次，击毙和打伤日军 20645 人、日伪军 5155 人，俘虏日军 281 人，俘虏伪军 18400 余人，拔掉敌人伪据点 2993 个。缴获步马枪 5437 支、轻重机枪 224 挺、各种炮 53 门，击毁飞机 6 架、坦克和装甲车 18 辆、破坏铁路 900 余里、公路 3000 余里。同时，还摧毁了敌矿山、桥梁、火车站、工厂和隧道 260 余处，使日军在华北地区的交通线全面崩溃，军队陷入了一片混乱之中，损失极为惨重，日军也因此把这次战役伤心地称之为"挖心战"。

可以说"百团大战"的胜利，左权做出了巨大的贡献，他不仅展现了自我卓越的军事指挥才能，还在大战爆发前、进行中、结束后，发表了一系列文章，为战斗的进行提供必要的理论依据。《破袭术》《论华北战局形势的特点和坚持华北抗战中作战指挥与组织的几个基本问题》《战术问题》《论我军的后勤建设》等文章明确了战斗的战术和战略；《百团大战第二阶段的新——从正太路破击直至关家垴歼灭战》《论百团大战的胜利》《百团大战的伟大意义》等文章对百团大战如何取得胜利进行了详细地分析。左权的这些军事著作都被保留了下来，成为中国历史上宝贵的军事资料之一。

第七章　军民鱼水情

第一节　不给老乡添麻烦

1940年秋，左权带领队伍将八路军总部转移到了一个名叫武军寺的小山村。村庄不大，只有五六十户人家。村民一早就听说左权他们要来，开心极了，早早就开始准备了。

这天一早，左权带领队伍向武军寺方向走来，还没到地方，就看到村口站满了村民，大伙正兴奋地向他们挥手呢。左权赶紧加快了前进的步伐，到了村口，他握住老村长的手说："村长，感谢你们欢迎我们，我们要在这里常住一阵子了，给你们添麻烦了。"村长激动地说："不麻烦，不麻烦。你们八路军来了，我们老百姓高兴，你们想住多久就住多久。"在大伙的簇拥下，左权和战士们有秩序地进村了。

八路军的到来，让这个偏僻的小山村一下热闹了起来。战士们放下行李武器，顾不上休息，就去给老百姓帮忙干活。他们有的挑水，有的砍柴，有的修房子。老百姓也没闲着，帮八路军腾房子、做饭、烧开水。村里的妇女们还把攒了好多年的布料拿出来给八路军做衣服，把给自己男人做的鞋都拿出来给八路军穿。有的村民还把辛苦养大的猪杀了，给八路军战士们炖肉吃，一时间安静的小山村变得热闹无比。

抗日英雄小故事

左权和警卫员郭树保也来到了一家农户家中，郭树保帮左权铺好了床铺，又在一张简陋的方桌上摆好了各种文件，在土墙上贴上了军事地图。左权满意地说道："我的指挥部弄得很像样子嘛，能遮风挡雨，还有桌子椅子，很齐全啊。"说完两人哈哈大笑起来。

看快天黑了，郭树保出去打了一盆水回来，让左权洗洗脸赶紧睡觉。左权一边洗脸一边对他说："时间还早，我们出去转转，看看村里的老百姓都有什么需要。"说完拿毛巾擦干净脸，两人就出门了。

刚走出大门，左权就被人从身后一把抓住了，他回过头一看，是一个挑着水桶的年轻人。左权问："年轻人，怎么了，有事吗？"年轻人生气地说道："我们好心好意让你们住在村里，你们怎么祸害我们老百姓呢？"左权疑惑地问道："是不是我们哪块做得不好了，你说出来，我们都会改正的。""好，那你们跟我来。"

说完年轻人就带着左权他们来到了房子的后面，他指着一条干水沟说道："你们自己看吧。"左权顺着他手指的方向看过去，发现沟底有湿漉漉的一片，他马上就明白了，肯定是有人在这撒尿了。年轻人大声说道："这条干沟连接着河沿下的水井，这要是一下雨，不都把尿直接冲进水井了吗，这让我们以后怎么打水喝啊！"

左权马上派人去调查，很快就有了消息，原来有一个小战士尿急，可是几个厕所都被人占着，他一时没忍住，就尿到了这里。左权知道后，马上给年轻人道歉说："对不起，老乡，是我们的战士不对，我们以后一定改正。"村长这时走来对年轻人说："别没有礼貌，这是左首长，怎么能这么说话呢。再说咱们村里厕所少，这几百号人来了，厕所不够用也正常啊。"年轻人一听是左权，不好意思地走了。

当天晚上，左权就召集各科室的工作人员开会，他在会上说："咱们来村子驻扎，本就给老百姓造成了影响，我们绝不能再给他们添麻烦了。明天天一亮，就召集战士们起来劳动，我们要自己修建厕所，不给百姓增加负担。"第二天天刚亮，大伙就行动起来了。战士们有的挖土，有的搬砖，有的抬石头，左权也加入到了劳动的队伍中，带领大家干得热火朝天。

没几天，几十个厕所就建好了，战士们上厕所的大问题解决了。随后，在武军寺驻扎的日子里，左权还带领战士们帮村里修建了猪圈、牛圈，处理了污水和垃圾，村里到处干干净净，老百姓逢人就夸八路军好，真的是为百姓着想的好军队。

第二节　帮助老百姓

左权带领八路军在麻田镇驻扎期间，为老百姓办了很多好事、实事，受到了当地老百姓的爱戴，八路军的威望也不断提升，很多老百姓都送自己的孩子来参加，革命队伍不断壮大。

　　一天，左权从总指挥部回来的时候，看到路边有一座又小又破的房子，院子里还有一个小男孩在玩耍。他心想："这么破的房子，又这么偏僻，怎么还有人住呢？"想着想着，左权就走到了院子里，小男孩见有陌生人来，马上跑回了屋子里。

　　很快，一位妇女领着孩子出来了，看见左权穿着八路军的衣服，忙把左权让到了屋里。左权看见小男孩穿得很是破烂，长得又瘦又小，他拉过孩子问道："你叫什么名字啊？几岁了？"小男孩看了一眼母亲，说："我叫赵林锁，今年 10 岁了。"左权又问："家里怎么就你和你母亲两个人啊？"小男孩低头不语，他的母亲也哭了起来。左权忙问是怎么回事，他母亲开口说道："我们原本是河南林县人，虽然穷，但一家四口过得也算开心。可是没想到，林锁的哥哥被村里的汉奸抓去给鬼子修炮楼，没几天，就让飞机给炸伤了，回来没钱医治，硬是活活给疼死了。"

左权听后很是生气，他恨恨地说道："这群卖国的汉奸，就知道帮助日本人欺负老百姓，太可恶了。"林锁的娘继续说道："孩子他爹气不过，就去衙门告状，状没告成不说，还被县大老爷打了，回来就气病了，没多久也去世了，我们娘俩在村里也过不下去了，只能出来乞讨，走到这走不动了，就在这住下了。"

刚说到这，小林锁就喊着饿了要吃饭，他的母亲赶紧去厨房做饭，很快就端上了三碗野菜饭，招呼左权也一起吃。左权也没客气，端过来就吃上了，吃了几口，他说："这样的野菜饭，要是有盐和酱油炒拌一下就更好吃了。"林锁的母亲无奈地说："能吃上这些就很好了。我们是外来的，在村里没有地，只能靠出去找些野菜吃。"左权难过极了，他回去马上派人给林锁母子俩送来了粮食和盐，并且和村里商量好，给了他们母子三分地。

从那以后，母子两人起早贪黑，在地里种上了玉米，很快玉米就长了一人高了，母子俩很是高兴。可是，天公不作美，一场暴雨把即将成熟的玉米都冲走了。左权知道后，马上又派人来帮助他们母子，在山底下重新给他们开了块土地，并且嘱咐战士们："这次就给他们多种点土豆吧，土豆成熟期短，受天气因素影响小，而且又可以当饭又可以当菜。"

土豆收获的时候，林锁母子还特意扛了一袋子给左权送了过来，他们拉着左权的手说："感谢你们啊，感谢八路军，要是没有你们，我们母子早就饿死了。"

一旁的警卫员郭树保说："嫂子，这是我们的左首长啊。"林锁母亲没想到，左权这么大的官竟然会给她一个老百姓帮忙，更是感动得不知道说什么好，赶忙让林锁给左权磕头。左权赶紧扶起孩子说："嫂子，我们八路军没有等级之分，我们都是人民的儿子，是为人民服务的。"

后来，林锁母子就是靠着这些土豆度过了饥荒年，左权带领八路军帮助老百姓的事情也在群众中广泛传播开来。

第三节　我们是老百姓的兵

为了减轻老百姓的负担，左权要求八路军坚决反对一切只图私欲，搜刮民脂民膏的行为。他曾专门召开会议，重点强调，谁损害了人民的利益，就坚决追究谁的责任。八路军始终是老百姓的兵，是为人民群众服务的。

有一年秋天，日军向根据地展开了疯狂的扫荡，粮食成了他们的首要目标。当时清漳河两岸正是秋麦成熟的季节，老百姓都加紧收割粮食，就连荞麦和小黑豆这样的晚秋作物也都开始收割了。但因数量大，又有日军的进攻，很多粮食都是打好捆放在田间，等到晚上或者日军停止抢粮的时候再去担回家，但尽管这样还是有很多老百姓死在了鬼子的枪口之下。

左权知道后，很是气愤，于是带领警卫团的战士们在清漳河两岸多次和敌人交火。有一天，左权又带着队伍和敌人正面碰上了，一场激烈的战斗就此开始。那天还下着大雨，大队人马冒雨前进。路过村庄的时候，为了节省时间，左权就带着人从田间穿过去。一个马夫看到地里放着一捆捆收割好的麦子，就抱起一捆要喂马。左权很远就看到了这一幕，赶紧从队伍前面跑回来，拉住他严厉地说："你要干什么？你要知道你是八路军，不是土匪啊。"

马夫不好意思地说："我要喂马，您看，马都一天一夜没吃东西了，都快走不动路了。"左权说："没吃草，你就要给它老百姓的粮食吗？你知道多少老百姓都等着这些粮食活命吗？"马夫不好意思地低下了头。

左权回头指着大队人马说："你看，他们也都一天一夜没吃饭了，他们是为什么？就是因为他们知道八路军是老百姓的兵。"马夫点点头说："左将军，是我错了，您惩罚我吧。"左权说："我知道你爱护这些马，但是你更要知道我们是老百姓的兵，为了他们我们可以付出我们的生命，更别说拿老百姓的一针一线。马就是饿死了，我们也不能偷老百姓的粮食，这是我们的纪律啊。"马夫说道："我知道了，今后一定会遵守纪律，爱护老百姓的东西，绝不违反纪律。"说完就把那捆麦子抱回了原地，紧紧跟着队伍继续前进了。

还有一次，八路军总部设在砖壁村的时候，饲养员割了可供部队马匹吃两个月的马草。因为害怕下雨淋湿了马草，饲养员就找到村里一户姓李的人家，询问他们说："我们割了一些马草，怕被雨淋了，能不能暂时放在你的家里啊？"姓李的农户一听痛快地答应说："可以啊，我们家正好有两间屋子空着呢，可以放在那。"就这样，饲养员和这户姓李的人家忙乎了一上午，终于把所有的马草都搬进了屋子里。

可是没想到，几天以后，日军突然袭击了砖壁村，八路军带领村里的老百姓匆忙突围了。日军进了村没见到一个八路军和村民，很是恼火，便下令抢掠牲口，放火烧屋。很快他们就发现了放着马草的屋子，一把火将其烧了个精光，院子里其他的房屋也都化为了灰烬。

日军走后，八路军总部又迁了回来，李老汉看着自己的房子被烧毁了，很是伤心。左权问了警卫连的同志，得知了房子被烧毁的原因，马上找到彭德怀说道："总司令，村里有户人家，因为给咱们保存马草，结果上次鬼子来的时候，把他的房子都烧了。"彭德怀听后立即说道："马上通知供给部，让他们送来木头、沙子等材料，我们是老百姓的兵，决不能连累老百姓，要第一时间帮他把房子建起来，不能让他们无家可归。"

很快，木材等都运到了，左权带着警卫连的战士们也忙忙碌碌地开始干活了，很快就给李老汉建起了一座新房子。李老汉感动地拉着左权的手说："感谢八路军，感谢你们啊，谢谢你们让我们一家人有了新房子啊。"左权回答说："老乡，要说感谢的是我们才对，谢谢你能为我们存马草，我们八路军就是老百姓的兵，这些都是我们应该做的。"

第八章　保卫黄崖

第一节　兵工厂选址黄崖洞

随着八路军队伍的不断壮大，对军火弹药的需求量也不断增加。但是苦于没有补给，战士们很是苦恼。战士们的枪，有的来福线被子弹磨光了，子弹出膛后，杀伤力就变小了；还有些枪的口径打大了，难以瞄准，使很多敌人都逃脱了。但无论枪械如何落后，它们都始终是战士们的生命，在前线的战士们，无论衣服如何破旧，脸色怎么苍白，他们的枪却总是擦得很亮。

为了满足八路军的军事装备需求，八路军总部在山西省榆社县的韩庄建立了修械所，又办起了一个小型的军工生产基地，因设置简陋，只能修理损坏的刀枪，兼造地雷、手榴弹，离正规的兵工厂还有很大的差距。

1939 年，日军又开始大规模向晋东南发起了进攻，修械所很快就暴露了目标，不得不背起全部家当开始转移。为此左权很是苦恼，他对警卫员郭树保说："这样下去可不是办法啊，这么多机器、物资，我们能走多远呢。总不能把这些家底都扔了不要吧？"郭树保也着急地说道："是啊，怎么能扔呢，扔了这些机器，我们以后去哪里弄新武器啊？"左权下定决心一定要尽快选好地方，将修械所安顿下来。

一连几天，左权每天就睡几个小时，除了指挥打仗就是到处查看地形。经过几次实地勘察后，左权有了大的发现。他带着警卫员来到了一处地势险要的地方，指着高低起伏的地势说道："快看，这就是我们兵工厂的新家。"

左权说的正是后来赫赫有名的黄崖洞战役发生的地方黄崖洞。黄崖洞地势险要，四周悬崖峭壁，峰峦重叠，沟壑纵横，易守难攻，对防御作战十分有利。西北左会垭口通往武乡县境，是兵工厂与八路军总部的唯一通道；东面的狭长山涧，蜿蜒曲折，纵深1000余米，两侧高峰对峙，形成一条宽约10米纵深500余米的曲折峡谷，谷底全是大大小小的鹅卵石，涧水从中漫过，两面是高达百余米的绝壁，阳光常年照射不到谷底，昏暗而阴森，似洞非洞，似缝非缝，仰视一线天，俗称"瓮圪廊"，军事上叫"南口"。沿涧走到瓮圪廊尽头拐弯处，迎面挡起20余米高的断崖，一帘常洒的瀑布挂崖而下，发出震动山峪的隆隆声，崖下的水潭叫无底瓮。要想通过这道天险，只有攀登"百梯栈"。这是在水潭东侧的峭壁上，用人工凿出来的栈道，一步宽，120级石阶，拾级而上。栈道又分上下两级，中间用 10 余米长的吊桥连接起来，名曰"断桥"，战时取下吊桥，千军难入。

在左权的领导下，原址兵工厂的生产和新址黄崖洞兵工厂的筹建都在紧锣密鼓地进行。不久，日军对晋东南根据地发动了九路围攻。7月6日，日军在侵占了沁县、武乡、辽县等县城后，分路向榆社地区合击，军工部和总部修械所面临被日军包围和摧毁的危险。当天，左权即令军工部和修械所迅速向黎城县黄崖洞搬迁。从榆社县韩庄到黎城县黄崖洞，相距 100 余公里，既要走起伏不平的盘山小路，又要涉水蹚过湍急的浊漳河道，而且大量笨重的设备器材全靠肩扛人抬。在广大共产党员的带动和影响下，全所人员冒着连日的大雨，历尽千辛万苦，在很短的时间内将全部机器设备安全转运到黄崖洞。

第二节　艰难建厂

修械所的搬迁和黄崖洞新厂的兴建让左权十分牵挂。他常常利用晋东南反"扫荡"战斗的间隙来到黄崖洞，不仅直接指挥工程建设，而且亲自参加劳动，和战士、工人们一起搬运体积庞大的锅炉。建设厂房没有砖瓦，他与大家商量，用石头垒墙，采石板盖房顶，伐树木做梁柱门窗。施工人员缺少粮食，他一面与大家同吃野菜充饥，一面从其他地方筹集调运。

休息的时候，他常与工人们促膝谈心，耐心询问他们的要求和意见，并给工人、战士们讲述俄国十月革命成功后，苏俄工人在布尔什维克的领导下，克服重重困难，利用废钢旧铁制造武器，送到前方支援红军，打败14个帝国主义国家联合封锁和进攻的事迹，鼓舞大家的干劲和斗志。

不到半年的时间，一栋栋容纳动力机工、钳工、木工、锻工、组建等5个独立工部的石头厂房沿山谷建起，一台台包括车、铣、刨、钻和锅炉、发电等的机器设备顺利安装。

黄崖洞兵工厂投产后，左权先后陪同朱德、彭德怀来工厂视察。朱德与工人谈笑风生，与职工同吃一锅饭，还给做出突出贡献的工友题词。彭德怀指示：工厂不是部队，工人不是军人，要按照管理工业的办法管理兵工厂。左权在检查工作中发现工厂非生产人员较多，组织机构不够合理，材料运输有浪费现象，便责成军工部负责对工厂进行整顿，实行科学化管理。此后，军工部按照左权的指示，逐步建立起了计划、生产、记工、工具材料收发和财务等一系列科学管理制度，并精简了机构和人员，大大提高了生产效率。

左权非常爱护工人群众，尊重他们的艰苦劳动。他常说：工人阶级是革命的领导力量，要打败日本鬼子，没有工人是不行的。有一次，工人们发现来厂视察的左权身体明显消瘦，脸色灰暗，便商量着让炊事员把他们自己喂养的鸡杀了一只，炖好后端给左权补补身子。左权感谢工人们的盛情，却对炊事员说：工人每天工作 10 多个小时，吃好一点，就能多造武器，多消灭敌人，这样就等于爱护我了。你们不是还有身体弱的同志吗？快端去送给这些人吃吧！他一面说着，一面走到大锅边，自己盛起一碗饭香甜地吃了起来。

1940 年春天，第一批步枪在黄崖洞兵工厂诞生时，正值朱德 55 岁生日，工厂便把步枪取名为"五五步枪"。到 8 月 1 日，黄崖洞兵工厂又成功制造出第一支自己设计的步枪。它吸取了"捷克式""三八式""无名式"以及"汉阳造"等步枪的优点，其长度比一般步枪略短，比马枪稍长，枪的刺刀紧紧连在枪筒口部，平时折叠在枪杆上不会丢掉，肉搏时能自动弹出展开。枪重 3.6 公斤，口径 7.9 毫米，射击准确，刺刀锋利，枪体轻巧、坚固，外形美观，取名为"八一式"步马枪。

兵工厂领导背着新枪到总部汇报，正在总部开会的领导见到这支新式步枪，都齐声称赞。左权十分高兴，一边拿着枪看，一边做刺杀动作。当时在场的徐向前背着枪不肯放下，笑着说："我当兵能背这种枪，不吃饭也高兴！"彭德怀当即责成军工部迅速组织批量生产。

兵工厂在自造木柄手榴弹时，发现有不少手榴弹扔到半空就爆炸，大大降低了杀伤力。左权找到兵工厂有名的土专家石玉成等人商量改进办法，并提出是否可以用麻绳代替木柄，这样扔得又远，而且落地才炸，正好适应山地作战的需要。左权走后，石玉成与其他技术人员经过反复研究，终于突破难关，在 7 天后成功制造出麻尾弹。左权得到消息，当即在电话中予以表扬，并命令在 5 天内赶造出 500 颗麻尾弹。就是这小小的麻尾弹，在以后保卫黄崖洞兵工厂的战役中发挥了巨大威力。此时，兵工厂拥有机器设备约 40 台件、职工近 700 人，成为八路军在敌后抗日根据地的一个比较大的武器装备生产厂，被朱德总司令誉为八路军的"掌上明珠"。

第三节　修筑防御工事

为了保卫黄崖洞兵工厂，左权多次和团长欧致富、政委郭林详等人不顾生命危险，在黄崖洞周边的危险地段选择阵地，研究修筑防御工事。

当时正值隆冬，天气十分寒冷，为尽快完成厂区及周边阵地建设，左权就在黄崖洞周围的山上爬来爬去，逐个地段加以勘察，制图作业。饿了就啃几口干粮，渴了就喝几口冷水。警卫员担心这样下去左权的身体会承受不住，多次建议下山吃顿热饭，可左权却说"下山上山来回太耽误时间"，坚持留在山上。为了绘制黄崖洞战区的立体总图，左权穿着一双布鞋，还带着一双备用的草鞋，这在当时是很富有的了。可是没几天，鞋底就被石头给磨破了，露出了两个大脚趾头，被野草、树枝一划鲜血淋淋。警卫员郭树保心疼地说："政委，我给您卖双新鞋吧，您看您的脚，再这样下去，过几天怎么走路啊。"左权却不以为然，让郭树保找来针线，把布鞋的鞋帮撕下，把补了又补的草鞋套在上面，然后往脚上一穿，幽默地对郭树保说："你看我会变戏法吧，我把两双鞋合二为一，变出了一双新鞋。"郭树保被逗得哈哈大笑。

经过一段时间努力，左权硬是把整个黄崖山上上下下、沟沟岭岭都实地勘察了一遍。凡是需要构筑防御工事的地方，左权都在图纸上标了出来。就连各个射击视线前有什么障碍物，左权也都将其在图上标得一清二楚。很快左权就设计出了一个兵工厂防御工事的整体构筑方案，带领大伙热火朝天地开始修筑防御工事。

可是没过多久，问题就出现了，工人和战士们虽然有十足的干劲，但是受限制的地方太多了。首先，就是吃饭问题，因为粮食补给不及时，筹集粮食又困难重重，战士们一天只能吃一顿饭，有时候甚至还会出现断粮的情况，这对天天干体力活的战士们来说，怎么能受得了呢。然后就是衣服的问题，战士们天天干重活，衣服没几天就磨破了，打了一层补丁又一层。鞋底磨破了，也是补了又补，有的实在不能穿了，战士们就干脆脱了鞋光脚干活。左权看了以后，很是心疼战士们，他暗下决心一定要解决这个问题。

一天，左权邀请了总部机关的人员来黄崖洞劳动，同时也是了解黄崖洞防御工事的进展情况。机关的人来了，二话不说就跟着干起活来，很快他们就发现战士们都穿得破烂不堪，中午吃饭的时候，看到战士们喝野菜汤更是惊讶极了。他们找到左权问："战士们的生活怎么如此艰苦呢，他们天天干这么重的活，怎么就喝稀粥，吃野菜呢？"左权叹了一口气道："我们是不想给上级部门添麻烦啊，现在革命正是关键时刻，我们愿意为了兄弟部队，做出更大的牺牲啊。"在场的人都被左权的话深深感动了。他们回去后没几天就打来电话，通知施工部队，每人每天的口粮供应从一斤半小米增加到两斤；把现在的棉衣作为工作服，冬天另发一套新的；同时拨一定数量的布给部队做补丁用；增发一双鞋子、一条毛巾。施工部队的吃、穿、住问题基本解决后，大家劲头倍增，经常挑灯夜战。

经过几个月的艰苦劳动，左权带领战士们在黄崖洞构筑了以地堡为主的坚固、地下、隐蔽的明暗火力点，简易投弹所、断桥堑壕、交通壕支撑起来的弧形防御工事，形成前后、高低、明暗、直射、侧射、斜射火力等多层火网。在敌人可能进攻的道路和地段上，用拉雷、塔雷、拌雷、吊雷，设置大量的地雷群、地雷组合地雷网。到1940年9月，整个黄崖洞兵工厂防御工事全部竣工。

第四节　以少胜多

自黄崖洞兵工厂建立以后，日军早就将它视为了眼中钉。从 1941 年 9 月开始，就纠结晋东南日伪几万兵力疯狂地进行扫荡，妄图一举破坏黄崖洞兵工厂，切断在华北地区的八路军的武器来源。

11 月 3 日，日军兵分两路开始向黄崖洞地区进军。7 日，左权接到消息以后，带着八路军总部作战科参谋陈良诚、刘力克和几个警卫员，直接来到黄崖洞东边的小寨岭，开始准备对敌作战。

当晚，左权就给黄崖洞守备队的团长欧致富打了电话，他在电话里诙谐地说道："欧团长，我们的敌人找上门来了，你能顶得住吗？"欧致富坚定地回答："没问题。"左权继续说道："好，那你们立即做好战斗准备。这次的战斗与以往不同，敌人把毒气弹、投掷筒等新式武器都用上了，你们要做好迎战准备啊。"欧致富回答道："我们一定会筑起一道封锁线，誓死保卫黄崖洞。"

左权以鼓励的口吻对欧致富说："相信你们能教训得了这些强盗，你们能坚持几天？"欧致富问："首长想让我们坚持几天？"左权说："5 天有问题吗？"欧致富信心满满地回答：

"没问题，别说一个5天，两个5天我们也能坚持。"

安排妥当，左权就在军事图前研究起来，通信兵进来报告说："报告首长，左侧面敌人进攻猛烈，已经占领断崖了。"左权马上部署道："通知徐厂长带领工人自卫队前来参加战斗，另外每个工事也不用留那么多人了，全部组成预备队，准备对敌作战。"左权想了想又说："主力部队不要正面和敌人战斗，可以先派一支小队向敌人靠近，诱敌深入后，主力部队抓住机会将他们一举歼灭。"

按照左权的安排，战士们开始从四面向敌人进攻，顿时黄崖洞枪声大作。兵工厂里有会说日语的工人也开始向日军喊话，弄得敌人晕头转向，以为黄崖洞有千军万马。一些胆小的日军开始动摇了，扭头就往山下跑。埋伏的主力部队马上向左权报告说："占领左侧阵地的敌人开始逃跑了，我们要不要一举歼灭他们？"左权说："放他们过去，大部队还在后面，不要打草惊蛇。"

一会儿，值班参谋送来电报，上面写道："敌人离我们100公尺，是否要出击。"左权马上批示道："不要贸然行动，敌人现在是惊弓之鸟，他们和我们越近，我们胜利的把握就更大。敌人通过前面那条沟，离我们的主力部队就隔一个山梁了，只要敌人不开火，我们就不惊动他们。"果然，不出左权的所料，敌人只顾着逃命，什么都没多想，在山沟里一顿乱跑，很快就

进入了我军的埋伏圈，立即遭到了八路军包围，伤亡 500 多人，剩下的连爬带滚地往黎城方向逃窜。

12 日，从南口败退之敌转攻第五守备区桃花寨四连阵地，四连奋起迎敌，激战至 14 日上午，因敌众我寡，四连主阵地失守。下午，敌方两次进攻水腰口，均被击退。15 日上午，敌人在增兵和配备重武器后，分左、中、右三路进攻水腰口。坚守水腰口的八连在三面受敌的情况下，顽强战斗，连续打退敌人 7 次冲锋。下午，敌分左、右两翼向水腰口发起猛攻，并使用燃烧弹、毒气，均未得逞。16 日下午，敌方在强大火力支援下，再次发动猛攻，并用喷火器烧毁了水腰口的核心工事，坚守阵地的 12 名战士全部壮烈牺牲。此时，因兵工厂职工和部分机器已安全转移，或妥善处理，当夜，八连和坚守后水腰口工厂的七连在埋设地雷后撤退。

17 日拂晓，日军进入厂区，遭到地雷的杀伤。日军占领厂区后，兵分左、中、右三路向西进攻，企图夺取一营防守的高地。守备该高地的二连、重机枪连与日军激战 5 个多小时，歼敌大部，残敌逃窜。二营发起追击，收复全部阵地，战斗胜利结束。

　　在这次战斗中我军以不足 1500 人的兵力抗击了 5000 多装备精良的日军，经过 8 天的浴血奋战，取得了歼敌 2000 人、敌我伤亡 6 ：1 的辉煌战绩，胜利完成了掩护兵工厂转移的任务。

第九章　名垂青史

第一节　五月扫荡

1942 年，日军已经取得了"大东亚战争"的初期胜利，他们想把华北变成东亚战争的兵站基地，为日军提供武器装备、补给战斗力，于是在刚刚结束了 2 月扫荡后，5 月份开始，日军就对华北地区开始了新一轮的疯狂扫荡。

得到日军扫荡的消息后，左权连夜在麻田镇的耶稣教堂内召开了军事会议。他拿着一个刮得光秃秃的小白杨树棍指着作战地图说道："同志们，日军这次扫荡非常突然，虽然我们的主力部队已经转移到了外线，但中共中央北方局、八路军总司令部、卫生部、新华日报社和北方局党校还在敌人的包围圈里，我们一定要掩护他们，成功跳出敌人的包围圈。"

左权抬起头看了看围在他身边的作战科科长王政柱、作战参谋夏纳、刘力克和警卫连连长唐万成，大伙都神情坚定，目光炯炯，做好了打这场硬仗的准备。左权继续说道："这一路就要靠我们自己了，现在只有司令部的警卫连、野战政治部的保卫连、后勤部队的警卫队等少数武装力量了，而敌人却有 3 万多人，敌我力量悬殊啊。"唐万成听完坚定地说："掩护大队人马撤退的任务就交给我们警卫连吧。"左权听后拍着唐万成的肩膀说："万成同志，你们连百分之八十是共产党员，百分之九十以上都是老红军，相信你们一定能够完成这次任务，总部、党校和整个后方机关几千名同志的生命都担在我们的肩膀上，一定要掩护他们跳出敌人的包围圈啊！"唐万成坚定地答道："保证完成任务。"

5月23日，总部各部门奉命出发了。24日黎明，唐万成带领着警卫连两百多名战士扼守着虎头山、前阳坡、军寨的险要山头，守卫着总部转移的道路。日军很快就兵分两路，向麻田镇扑来，唐万成警卫连的200多名战士们，顽强地抵御着2000多敌兵的进攻，打退了敌军一次又一次的猛攻。日军见攻不动，只能退回东崖底，放出了红、绿、白、黑各色信号烟，向大部队求援。很快敌人的援军就到了，他们用大山炮和迫击炮，对着虎头山开始炮轰。

临近中午的时候，左权命警卫员给唐万成送去了一张字条，唐万成打开一看，上面写着："总部正在转移中，誓死保证安全。"唐万成看完忙问警卫员："参谋长在哪呢？"警卫员用手指了指后面的山头，唐万成高喊了一声："三排长，指挥。"然后就向后面的山头飞奔而去。唐万成气喘吁吁地跑到了左权身边，没等开口说话，左权就用小树枝指着远处的一个山头说："唐万成，你来得正好，你看那边还有很多没来得及撤走的老乡呢，你赶紧叫人去牵引一下敌人，让群众尽快撤离。"

唐万成刚想说话，左权又说道："我在这里都看到了，你们打得很好，这个时候就是要和鬼子们硬碰硬的时候了。"唐万成来不及回答左权的话，抓起左权的胳膊说："参谋长，敌人就在眼前了，我先掩护你撤退。"左权不高兴地说："你们都在呢，我怕什么，今天就要让这些小鬼子有来无回。"左权从容不迫地看了看周边，指着左面的山头问道："谁在那里？"唐万成回答："是青年班。""好啊，这个山头很重要，一定要守住啊。"说完，左权不顾唐万成的劝阻，继续指挥战斗。

第二节　护送彭德怀

战斗进入了 5 月 25 日，前面虽然有唐万成带着警卫连死守，但后面的情况却并不乐观。总部的大队人马集结在了高家坡一带的山沟里，日军发现目标后，采取"张网捕鱼"的战术构成了包围圈，并且统一控制包围部队的行进速度，以防止八路军突围，又命令飞机向高山沟轮番俯冲，一时间，左权带领大队人马陷入了被动境地。

还没等左权等人想出对策，日军飞机的新一轮轰炸又开始了。总部负责运送物资的上千匹骡马受了惊吓，有的躺倒在地，有的吼叫，有的挣脱了缰绳到处奔跑，没有战斗经验的饲养员，更是不顾暴露目标的危险，到处追赶马匹。彭德怀气冲冲地走到左权面前说："怎么搞的，看看都乱成什么样子了。"左权默不作声地上了马，把混乱的队伍赶紧集合起来，加快了行进的速度。

其实，左权在5月19日，就要求后勤部门赶紧转移，但后勤部门对战情估计不足，没想到日军扫荡的速度会这么快。加之，提前转移的被服厂、鞋袜厂、制革厂行进速度缓慢，影响了整个行动进程，才会造成几千人挤在一起的被动局面。为摆脱敌人的"围剿"，在左权的提议下，很快就确定了分路突围的行动方针。但狡猾的日军很快发现了八路军的意图，缩小包围圈，集中兵力进行攻击。

左权一边指挥部队突围，一边高喊："同志们，快冲啊，不要怕天上的飞机，要多注意地上的敌人，冲啊，冲……"左权回头发现彭德怀还没走，马上奔过来，对作战科科长王政柱说："你赶快带上两个人，护送彭总司令撤离。"说完就招呼远处的唐万成，让他带一个警卫排的人掩护。

安排妥当，左权对彭德怀说道："总司令，您的转移路线我都安排好了，您就跟着王科长赶快撤离吧。"彭德怀一听很是生气，他站在原地向四周望去，漫山遍野都是没有突围出去的人员，后勤部队的骡马也被射杀了很多，还有散落一地的物资，他断然拒绝道："大队人马都还没有转移出去，我怎么能走呢？"左权着急地说："您的转移事关重大，只有您安全突

抗日英雄
小故事

围了，总部转移才有希望啊。"彭德怀坚定地说："还没有到我个人突围的时候，我要和大家一起坚持到最后。"

左权看劝不动彭德怀，急得直冒汗，他一咬牙对身边的警卫员说："你们还看什么，赶紧给我把彭总司令推上马。"唐万成也不管彭德怀是不是愿意，带着几个战士一起把他推上了马。彭德怀大声喊道："放我下来，放我下来。"左权马上命令："彭总司令不走，你们就连人带马一起推着走。"彭德怀见拗不过左权，只好作罢。他嘱咐左权道："剩下的任务就交给你了，你一定要带着大伙安全转移啊。"说完含泪挥起马鞭，冒着日军的炮火，飞驰而去。彭德怀的警卫员王传和唐万成带着三十几个战士，跟着彭德怀持枪飞奔。

看彭德怀骑马渐渐远去，左权顾不上多想，马上投入到了战斗中。午后2点，大队人马转移到了十字岭高家坡的山腰间，这里是敌人枪弹射不到的死角。左权一边安排人员休息，一边开始清点物品。在清点中，左权发现文件箱不见了，向人群问道："谁看到文件箱了？"

大伙你看看我，我看看你的，谁都不知道文件箱的下落。左权心里很是着急，因为文件箱里面都是八路军的机密文件，岂能落在敌人的手中呢？左权不敢再往下想了，他马上对警卫员郭树保说："树保，赶紧回去找，一定要把文件箱找到，那是党的机密啊。"郭树保为难地说："我是你的警卫员，我的任务是保证你的安全，我不会离开你的，还是让别人去吧。"
左权耐心地劝说道："你是老同志了，更熟悉地形，不用为我
担心，我身边不是还有别的警卫员吗，快去吧，不要耽误时
间了。"

郭保树返身朝来时路跑了回去，左权想了想还是不放心，
他对剩下的几个警卫员说："现在情况紧急，警卫员不用再
保护我了，你们赶紧分散到大队人马中，去保护电台和机要
人员。"

就在这时，唐万成急匆匆地跑了过来，一把拉住左权说：
"参谋长，您赶紧和我走，赶快转移。"左权惊讶地看着唐万
成问道："你怎么回来了，不是让你护送彭总司令去了吗？彭
总司令人呢？"唐万成说："彭总司令已经安全转移出去了，
您快跟我走吧。"左权坚定地说："我不能走，我走了这么多
人怎么办？"唐万成握紧左权的手说："您是我们的参谋长，
我要保证您的安全，您今天必须和我走。"左权生气了，拔出
枪说："你快去护送彭总司令，他要是出了什么危险，我是要
枪毙你的。"唐万成第一次看左权发这么大的火，他知道左权
是个犟脾气，只好对左权说："参谋长，您别生气，我这就去
找彭总司令，您一定要照顾好自己，我们等着您回来。"说完
就掉头追赶彭德怀去了。

第三节　壮烈殉国

　　送走彭德怀以后，左权带领大队人马继续突围，日军集结了大部队开始对他们发动猛烈地进攻。敌机在头顶盘旋，大队人马一次又一次被冲散，突围形势变得更加严峻。

　　左权看着满天的炮火，知道日军的包围圈已经越缩越小了，必须抓紧时间突围出去。他顾不上多想，冒着危险爬上了一个小山头，从容地指挥大部队继续突围，以嘶哑的声音高喊："同志们，不要再隐蔽了，现在时间有限，敌人离我们越来越近了，冲出山口我们就胜利了，快冲啊。"听到左权的喊话，人们慌乱的情绪很快就稳定了下来，大伙和左权一起开始有秩序地突围转移。突然，一颗炮弹落在了左权身边，左权没有躲

避，赶紧对着撤退的人群喊道："快卧倒，危险，危……"还没等说完，第二颗炮弹就接踵而来了，左权重重地倒了下去，再也没有起来。

发现和处理左权遗体的是三名北方局党校的青年学生李锡周、李克林和穰明德，他们在突围时看见了牺牲的左权将军，极为惊异悲愤。左权的左额、胸部、腿部都被日军弹片击中，鲜血涂地。他上身穿灰斜纹布军夏装，前胸有两个口袋，腰束宽皮带，打着整齐的绑腿，脚上是布鞋，右手紧握着一把左轮手枪。他们将左权的手枪取下，将遗体抬至一处荆棘丛中，拿一床军被盖好，又遮盖一些树枝。他们突出去后在一个村子里找到彭总，告之左参谋长已殉国，并呈上跟随左权多年的左轮手枪，彭总难过得没有转身更没有接枪……

敌人退出后，总部警卫连指导员带战士上十字岭，买了附近老乡的棺木，找到了将军的遗体就地掩埋。没曾想敌人又回来了，他们截获到我方"左权失踪"的电报，在十字岭到处挖、找，终于挖出了左权的棺木，打开后给遗体照了相，登在了敌伪报纸上。敌人的暴行一时间让山河失色，大地举哀，复仇的呼声响彻华北。就这样，一位才华横溢、智勇双全的八路军高级将领，为了拯救民族的危亡，过早地失去了年轻而宝贵的生命。左权本来可以躲避炮弹，可是为什么他没有躲避呢？因为当时的十字岭上正集合着无数的同志和马匹，左权不可能丢下部下，自己先冲出去。他是死于自己的职守，死于自己的岗位，死于对革命的无限忠诚！

第四节　举国哀悼

穰明德、李锡周、李克林突出重围后，在清漳河泽城以北的南山村找到了作战科科长王政柱，将左权的左轮手枪交给了他，在场所有的人都伤心地哭了起来。

5月底，作战参谋夏纳也回来了，彭德怀拉着他的手伤心地说道："你总算回来了，可是老左……"夏纳听说左权牺牲了，痛苦地哭了起来，咬着牙说："我们一定要报仇雪恨，向敌人讨还血债。"随后，夏纳在修改一二九师师部发来的战报中，公布了左权不幸中弹牺牲的消息，稿子写好后，经彭德怀审阅同意后，以新华社的电讯消息发出去了。

消息一传到延安，中央负责同志都震惊不已，朱德总司令、叶剑英参谋长等人，看着发来的电稿，心情久久不能平复。朱德总司令更是挥泪写下了《吊左权同志在太行山与日寇作战战死于清漳河畔》这首诗："名将以身殉国家，愿拼热血卫吾华，太行浩气传千古，留得清漳吐血花。"周恩来在重庆《新华日报》上发表了题为《左权同志精神不死》的悼念文章说："左权壮烈牺牲，对于抗战事业，尤其是对于十八集团军和敌后人

抗日英雄
左权

民，真是一个无可补偿的损失……他之牺牲，证明他无愧于他所信仰者，而且足以为党之楷模。"

辽县人民知道左权牺牲后，纷纷向政府请求，把辽县改名为左权县，晋冀鲁豫边区政府批准了辽县人民的请求。1942年9月18日，辽县党、政、军上千人在县政府所在地西黄漳，举行了辽县改名左权县的命名典礼大会。

10月10日为左权将军公葬日，参加公葬的除八路军总部和一二九师总部全体同志外，尚有5000军民。葬仪由八路军副参谋长滕代远主持，边区政府主席杨秀锋亲自为左权将军墓盖上墓石，中国北方局代表李大章、边区政府民政厅长李一清、一二九师师长刘伯承、朝鲜友人崔昌义等，均亲自为墓地掩盖黄土。

野战政治部主任罗瑞卿在墓前说："给烈士们行礼并没有完事，今后还要做三件事情，第一件事是报仇，第二件是报仇，第三件还是报仇！"一时间，"为左权将军报仇！誓将抗日战争进行到底！"的口号声响彻现场。

太行人民怀着十分敬重的心情，选址半年，在涉县石门村北精心修造了晋冀鲁豫抗战殉国烈士公墓，占地面积20000多平方米。在此葬有左权将军、《新华日报》社社长何云、北方局政治工作部秘书张衡宇、朝鲜义勇军领导人陈光华和石鼎等8位烈士。

　　左权将军陵墓北依太行，面临清漳，建在上下有台阶相连的 3 个台地的最上层。第一层台地的中间有一荷花池，第二层台地的中间建有左权将军纪念塔，左权墓在第三层。陵墓用青石筑成，呈长方形。墓碑上刻有"左权将军墓"五个大字，墓地雕有镰刀、斧头、齿轮、步枪等图案。

　　1946 年，在刚解放了的邯郸，毛泽东批准建立了以左权墓与左权纪念馆为中心的晋冀鲁豫烈士陵园，朱总司令亲自捐款 300 万边币在园内修建了"朱德桥"。新中国成立后毛泽东又亲自批准保留左权县的县名。1951 年 11 月 1 日，毛泽东结束南巡返京途中，专门在邯郸下车，到晋冀鲁豫烈士陵园左权墓前脱帽致哀。

第十章 烽火中的真情

第一节 迟到的爱情

从苏联回国后，左权就全身心地投入了革命和抗日的大潮中，一晃 10 年过去了，已经 35 岁的他仍然还是孤身一人。朱德总司令很是关心左权的婚事，多次和夫人康克清商量，要给左权介绍个合适的对象，但左权对女友要求高，一直都没有合适的人选。

1939 年，中央巡视团来到太行山巡视，代表中央妇委讲话的刘志兰引起了朱德夫妇的注意。刘志兰生于 1917 年，从小生长在北京，她和六个姐妹各个如花似玉，被誉为七仙女。她身段玲珑，肌肤雪白，讲话时声音清亮。不仅如此，她还博览群书，文采好，更有一手好书法。刘志兰在一二·九运动时期很活跃，是北师大女附中"民先"队长。到延安之后她在中共北方局妇委工作，并任陕北公学分校教导员。

朱德夫妇了解到这些情况后，很是高兴，朱老总说："刘志兰有才有貌，和左权真是天生的一对啊，这回他该满意了吧。"果然，朱德找到左权说明情况后，左权笑而不语，原来他也很中意刘志兰呢。

朱德回到家和妻子商议说："左权已经同意了，你再去问问刘志兰同志的意思吧。"康克清一边点头一边就要去找刘志兰，朱德想了想，忙叫住妻子说："这事不能大意，这关系到左权一辈子的幸福呢，我和你一起去。"朱德问明刘志兰还没有男朋友后，就径直向她介绍了左权。康克清也对刘志兰说："像左副参谋长这样的人，这样的条件，怕你到别处再难找到第二个了。"刘志兰在来太行山之前，早就听说过左权了，如今又有朱司令亲自做媒，她自然是很高兴，红着脸答应了。

1939年4月16日，左权和刘志兰在山西屯留县北村举行了简朴的婚礼，除彭德怀在冀南未归外，总部的朱德、杨尚昆、陆定一等都参加了婚礼。

第二年5月，在武乡县土河坪卫生部的医院里，他们的女儿出生了。刘志兰用朱德总司令送的红布，给女儿做了襁褓。这块红布还是当时朱德夫妇去晋城与卫立煌谈判临走时送给刘志兰的，当时刘志兰已经怀孕9个月了，朱德夫妇把这块红布作为左权未出生孩子的礼物。

女儿出生时，左权因为去外地办事，还不知道孩子出生的消息，彭德怀、浦安修夫妇第一时间赶来看望。彭德怀问刘志兰："给孩子取名字了没有？"刘志兰回答："还没有。"彭德怀说："刘师长的儿子叫太行，你们的女儿就叫太北吧。"取名太北，是因为武乡是太行山抗日根据地的一部分，属太北区。左权回家后听说彭德怀给孩子取了名字，觉得很有纪念意义，欣然同意。

女儿的降生，给左权带来了无限的幸福和欢乐，他将妻女接回总部，夜里亲自起身为女儿换尿布，做得比妻子还细致。但幸福总是短暂的，1940年8月，因筹划"百团大战"太忙，刘志兰带女儿回了延安。在夫妻分别21个月后，左权牺牲在山西辽县十字岭"反扫荡"的战斗中。

第二节 深厚的友情

左权在收获爱情的同时，也与战友们建立了深厚的友情，其中最有名的就是他和彭德怀相互帮助以及给伤病员送肉的故事。

太行山条件艰苦，在八路军总部，不分总司令、副总司令、参谋长，都和战士们一样，一同吃大灶，食物主要是小米饭、土豆。彭德怀和左权都是湖南人，在吃饭方面，习惯差不多。左权喜欢吃辣椒，彭德怀因为肠胃病，虽然喜欢，却不敢多吃。两人都喜欢吃鱼，可是太行山不是鱼米之乡，难得有吃鱼的机会。

有一次，警卫连的小战士弄到了一条鱼，吩咐伙房做好了给彭德怀和左权送去，左权一看有鱼吃，很是高兴，他把鱼推到彭德怀面前说："司令，快吃，凉了就不好了。"彭德怀说

道："一起嘛，不要给我搞特殊。"左权笑着拿过辣椒碗说："辣椒不比鱼差，你不知道我这辣椒可是在火上烤过了，用盐这么一拌好吃得很啊。"说完就津津有味地吃起来了。

彭德怀不抽烟，也不喝酒，就喜欢饭后喝茶，而且喝到最后，连茶叶都嚼得精光，左权则特别爱抽烟，每月5元钱的津贴常常不够买烟的。有一次，他的袜子破得都不能穿了，警卫员看到后对他说："用这个月的津贴给您买双袜子吧，您的袜子都破成这样了。"左权说："袜子缝补一下照样能穿，买新的太浪费了。"警卫员听了笑而不语，他知道左权是怕买了袜子就没有钱买烟了。

彭德怀和左权知道彼此的爱好，两人总是互相关心。一次，彭德怀得到一盒香烟，便用纸在外面加了"掩护"，准备送给左权，却不知被总部哪个工作人员发现了，摸走了几支。彭德怀发现后，赶快给左权送去。他指着烟盒子对左权说："老左你看，这盒烟再不给你送来，就要被别人偷偷地给拿走了，最后送来的恐怕就是个烟盒子了！"说完两人哈哈大笑。左权要是弄到了茶叶，也会当彭德怀的运输队长，立即给他"运"过去。

与彭德怀相比，左权虽然年轻，但身体并不算好，左半身有轻度的麻痹症，一遇上阴雨天气，病情就会加重。有一次病情发作了，左权在营房里十分难受，正巧被彭德怀看到，他劝左权说："你还这么年轻，有病就要及时治疗，不然日积月累，等到再想治疗的时候就来不及了啊。"左权心想："现在战事紧张，如果丢下工作去治病，一定会加重彭司令的负担。"所以他强忍难受，推脱说："你不也是带病工作吗？我这种病好对付，不就是没知觉吗？一会儿我去外面跑一跑，动一动，出身汗就轻快了。"

很快，左权的病情被朱德总司令知道了。一天，左权正在谋划战事，朱德带着警卫员端着热气腾腾的饭盒进来了，左权刚要问怎么回事，朱德先开了口："左权啊，你有病不该瞒着我啊，今天我就在这里看着你把这只鸡吃完。"左权马上起来，走到朱德身边立正站好说："司令，我那都是些小毛病，你看我这身体结实着呢。"虽然话语坚定，但左权本就黝黑的脸，因为长期的营养不良，灰黄而没有光泽。

朱德看了更是心疼，刚想批评他，一位参谋进来叫朱德去接电话，左权等朱德一走，立马安排人把这碗鸡肉又给朱德送了回去。朱德拗不过左权，就让警卫员把鸡肉给伤病员送去。

伤病员们知道这肉是左权让给大家的，说什么都不肯吃，一定要给左权送回去。左权听说了这事很是感动，他来到伤病员们面前严肃地说："你们现在受了伤，更需要肉来补充营养，这样才能早日上战场保家卫国，你们多杀敌就是对我最大的安慰了。"说着，他把肉端起来分给伤病员们，说："这是我和朱司令的一片心意，你们必须吃，这是命令。"伤员们眼含泪水，吃下了这碗鸡肉。

第三节　难以割舍的亲情

左权将军从一开始投身革命，就知道革命一定会有牺牲，他从来没有动摇过，也准备好了随时为国捐躯，但左权除了是个战士外，也是母亲的儿子，妻子的丈夫，女儿的父亲，像所有普通人一样，他也有割舍不了的亲情。

1930 年左权从苏联回国后，还没来得及回去探望母亲，就被派往苏区，投身到了革命的大潮中，他曾在给母亲的信中说："母亲，我虽回国，却恐 10 年不能还家。老母赡养，托

于长兄育林，我将全力贡献革命。"

1937 年国共合作后，左权出任八路军副参谋长。此时叔父左铭三次写信告知他大哥育林已病故，年迈的母亲饱尝了白发人送黑发人的巨大悲痛，特别想念离家日久的左权，希望他能回家看看。左权看后百感交集，恨不得马上就飞回到母亲身边，但此时，中华民族的全面抗战已经爆发，左权身为八路军副参谋长投身抗战前线，重任在肩。经过一番激烈的思想斗争后，左权忍痛决定不回家看望母亲了，他给叔父回信说："……我以己任不能不在外奔走，家中所持者全系林哥。不幸林哥作古，家失柱石，使我悲痛万分。叔父！我虽一时不能回家，我牺牲了我的一切幸福为我的事业来奋斗，请你相信这一道路是光明的、伟大的，愿以我的成功的事业报你与我母亲对我的恩爱，报我林哥对我的培养。"

1937 年 12 月 3 日，左权从百忙中抽时间给慈母写信，信中说："母亲，亡国灭种惨祸，已临到每一个中国人民的头上。我们决心与华北人民同甘苦共生死。我军将士都有一个决心，为了民族国家的利益，过去没有一个铜板，现在仍是没有一个铜板，过去吃草，准备还吃草。"就这样，左权从离家到殉国，整整 17 年没有回家！

1949 年，解放军南下解放全中国，朱总司令命令所有入湘部队，都要绕道醴陵去看望左权将军的母亲，第一个去的是四野第四十军军长罗舜初，后来是二野十三军军长……从他们的嘴里，老太太才知道自己日思夜想的小儿子左权已为国捐躯 7 年了！让老太太不解的是，这 7 年一直有人用"左权"的名字给她寄钱，这些钱解决了她的生活问题，余下的她还给孙媳买了架缝纫机。老太太还保存着一枚金戒指、一两黄金，也是以"左权"的名义从香港寄来的。

原来，左权殉国后周恩来考虑到其老母赡养之事，专门指示八路军驻重庆办事处的钱之光、刘一清汇款接济。金戒指和金子是叶剑英设法从香港转道寄来的。坚强的老太太没有恸哭，而是请人代笔，撰文悼念儿子。文中说："吾儿抗日成仁，死得其所，不愧有志男儿。现已得着民主解放成功，牺牲一身，有何足惜，吾儿有知，地下瞑目矣！"

抗日英雄

左权

第四节　替丈夫平反

左权牺牲的事，大家都不忍告诉刘志兰，她才 25 岁呀！她与左权婚后仅仅相处了一年多就永别了！当得知左权牺牲的消息时，她差点当场晕倒。晚上她一人坐在窑洞外放声痛哭，山坡上一排排窑洞里的同志们都静静听着，谁也不知怎样去劝她。

在朱总司令一再安慰鼓励下，刘志兰强忍悲痛，在延安《解放日报》撰文纪念左权："为了革命我贡献了一切，包括我的丈夫。你所留给我的最深切的是你对革命的无限忠诚，崇高的牺牲精神，和你全部的不可泯灭的深爱。我将学习你继续你的遗志奋斗……"刘志兰整整一年都精神恍惚，总不相信左权已经牺牲。每当前线有人回延安，她都会跑去看看有没有左权带回的信。一次次的失望让她一次次地痛哭着回来，她终于相信，丈夫是真的抛下了她和太北永远地去了！

刘志兰是一个很有个性的人，她从未想借丈夫英名的光环为自己谋取些什么。渡过最悲伤的时日后，她就主动远离了丈夫生前的圈子，靠自己的能力努力工作。左权牺牲 6 年后，31 岁的刘志兰重组家庭，但左权在她的心里永远是第一位的。

新中国成立后，左权的养子（由左权母亲做主将左权兄长的男孩过继给左权为子）来京找到刘志兰，刘志兰亦精心照料，把孩子送进人民大学。左权老家有事，都找刘志兰，刘志兰都尽心负责地办好，在乡亲们心中刘志兰永远是左家的媳妇。太北结婚后，为纪念父亲，为第一个孩子（女孩）起名左湘，刘志兰非常高兴。在左湘两岁时，她接孙女到身边亲自抚养，一直到孩子6岁该上学了，她才将孩子送回太北身边。此后她每月都要给太北寄钱，抚养左权将军的第三代。

左权当年和刘志兰结婚时，考虑到她年轻，没有将自己被诬陷为"托派"之事告诉刘志兰。左权牺牲后，刘志兰知道丈夫戴"罪"作战10余年，心痛欲裂，一直觉得还左权一个完整的政治生命是自己的责任。她一直为此事奔走，找了她能找的所有人，尽管事情一直没有达到她的愿望，她却从不放弃。1979年8月30日，刘志兰给中央组织部写信，要求对左权被王明路线打击一案予以平反昭雪。当年12月2日，解放军总政干部部给刘志兰复信说："左权同志在历史上曾受王明路线的打击迫害，但以后纠正了路线错误，当时虽然没有做出书面结论，而并未影响党对他的信任和使用，在左权同志牺牲后，中央对他有很高的评价，这就是实际上为他平反昭雪了。"1982年，刘志兰又给当时的中共中央总书记胡耀邦写信，再次要求中央发文为左权平反，取消对他的"留党察看"处分。这一次，中央有关部门出具书面文件对左权受王明路线打击迫害一事予以平反，取消对左权的"留党察看"处分，并将该文件放入了左权的档案，但没有对外公布。左权终于洗清了不白之冤，此时，距离他牺牲已经过去了整整40年。1985年，82岁的陆定一亲自为人民出版社出版的《左权传》写序，应刘志兰请求，陆定一在序言中将左权被污"托派"一事始末写得清清楚楚，证明了左权的清白。

第五节　父爱的温暖

左权牺牲时，小太北刚刚两岁。

左太北是在延安保育院长大的，新中国成立后被送进北京八一小学读书。从小到大，她都没有感觉自己与别的孩子有什么不同，直到1952年。"1952年给毛主席汇报，学校就派了7个同学，我也去了。毛主席见了我，一听是左权的女儿，特意拉我的手，问我家里的情况，问我妈妈怎么样，周末怎么过，怎么生活，还跟我特别认真地照了一张照片。"

同样的关怀来自周恩来。1958年，左太北去天安门看焰火，"李伯昭把我带到周恩来伯伯面前，对他说，这是左权的女儿。周伯伯亲切地对我说，你是左权将军的女儿北北？长得挺像你爸爸，一定要向你爸爸学习！"

然而，在左太北人生的前42年里，她对父亲左权的印象完全是陌生的，她不知道父亲从她还未出生起，就已经为这个女儿奔忙。完全没意料到的是，当她步入人生的第42个年头时，"父亲"出现了。

1982年，左太北忽然收到了母亲寄给她的11封家书。家书的日期从1940年8月到1942年5月，均为左权将军的手书。

"这是我第一次知道有这些信，也是第一次对父亲有了感性认识。原来的父亲就是一个英雄的形象，看了信以后我才觉得，我真是有个父亲，有一个那么爱我的父亲。"

从42岁对父亲的认识逐渐清晰开始，即便是事隔多年，只要左太北再次读起这些信，她都会抑制不住内心的悲痛，泪如雨下，"父亲一直在说，永远在爱着太北"。"来信希多报太北的一切。在闲游与独坐中，有时仿佛总有你及北北与我在一块玩着，谈着。特别是北北非常调皮，一时在地上，一时爬到妈妈的怀里，又由妈妈怀里转到爸爸怀里来，闹个不休，真是快乐。可惜三个人分别着不在一起，假如在一块的话，真痛快极了。"

如今，这泛黄的信件让她体会到父母在战火之中的感情和养育自己的艰辛。在左太北眼里，父亲对她的爱，渗透在每一封家书的字里行间："夏天，他给我带来热天穿的小衣服；冬天，他记挂着我别冻坏了手脚；我病了，焦急的父亲反复在信里念叨：'急性痢疾是极危险的''有了病必须找医生'。"

远隔近70年，左太北在信中看到父亲对自己的爱称：北北小鬼、小家伙、小宝贝、小狗、小天使、小东西……依然感受到纸张上散发着烫人的热量。

抗
日
英
雄
小
故
事